I0833439

Publicado por Aurum Books 79
Una división de Bridger Communications Miami - Florida

Aurum Books 79: Ricardo A. Mejía, Director Ejecutivo

Fotografía: Mr. C

Aurum Books 79 Síguenos en instagram @aurumbooks79

ISBN: 979-8-9871694-9-0

Diseño editorial, Deka Design Estudio.
Portada: Jose Daniel Restrepo
Diseño: Jonny Alexander Torres Castaño - David Osorio Valencia

Índice:

PRÓ-LOGO

Por el Dr. César Lozano

A lo largo de mi vida como conferencista, he tenido el privilegio de conocer a personas extraordinarias. Gente que, más allá de su preparación académica, su trayectoria personal o profesional, tiene el don de transformar vidas con sus palabras. Laura Báez es una de esas personas. Conocí a Laura en uno de mis talleres prácticos Escribe un libro. Y hoy es para mí un honor y un orgullo poder escribir el prólogo de su primera creación a nivel literario. Su voz —serena, firme, pero profundamente humana— tiene el poder de sembrar una semilla de conciencia en el lector. Cuando tuve en mis manos Érase una vez una mentira, supe desde las primeras páginas que no estaba frente a un libro más, sino ante una guía valiente y luminosa para quienes estamos dispuestos a mirar hacia adentro y deshacernos de aquello que nos limita.

En este mundo apresurado, donde abundan las fórmulas para "ser feliz" o "vivir mejor", es fácil caer en la trampa de las verdades a medias. Desde pequeños, y más aún a través de los últimos tiempos se nos ha enseñado y llevado hacia lo que "deberíamos" buscar, cómo "deberíamos" sentir, actuar o vivir. Y sin darnos cuenta, hemos adoptamos mentiras como verdades incuestionables. Mentiras que nos alejan de nuestra autenticidad, que nos roban la paz y nos hacen creer que no somos suficientes. ¿Te suena familiar?

Laura Báez —coach, escritora y empresaria mexicana radicada desde hace varios años en Canadá— hoy tuvo la valentía de cuestionar esas mentiras. Y lo más importante: tuvo la generosidad de compartir ese proceso con nosotros. En este libro, ella nos invita a identificar esas narrativas internas que nos han sido impuestas, muchas veces sin mala intención, y yo diría que a veces con algo de "mala intención o deseo de manipulación", pero que han dejado una huella profunda en nuestra manera de vivir, de amar y de soñar.

Cada capítulo de Érase una vez una mentira es un espejo. Un llamado a la introspección y a la autorreflexión. Laura no escribe desde el juicio ni la superioridad. Escribe desde su experiencia, Laura alza la voz contra el statu quo, y lo hace con una honestidad que desarma. Aquí no encontrarás fórmulas mágicas, sino meditaciones poderosas y preguntas que sacuden. Y es precisamente eso lo que hace de este libro una herramienta muy transformadora.

Uno de los aspectos que más valoro de esta obra es su enfoque integral. Laura comprende que las mentiras que creemos sobre nosotros mismos no afectan solo un área de nuestra vida. Se filtran en nuestras decisiones profesionales, en la manera en que nos relacionamos con otros, en la forma en que nos hablamos frente al espejo. Nos limitan sin que nos demos cuenta. Pero lo más revelador es que, al cuestionarlas, se abre un espacio inmenso de libertad. Esa libertad de reconstruirnos desde la verdad, desde la compasión y desde el amor propio.

La mentira sobre la felicidad, por ejemplo, es una de las más peligrosas. Nos han hecho creer que ser feliz significa estar bien todo el tiempo, que la plenitud se alcanza cuando todo en la vida encaja como un rompecabezas perfecto. Pero, como bien nos recuerda esta obra, la felicidad auténtica no es la que nos lleva a pensar que se trata de tener una vida sin problemas, sino una vida con sentido. Es aprender a abrazar el proceso, incluso en medio de la incertidumbre. Es entender que las emociones "incómodas" también tienen su lugar y su propósito.

Otro capítulo que me conmovió profundamente fue el que aborda la mentira sobre la adversidad. Hemos escuchado muchas veces que el dolor es inevitable, pero el sufrimiento es opcional. Y este libro lo reafirma con claridad. Laura nos invita a dejar de resistir el dolor como si fuera un enemigo, y a empezar a escucharlo como un maestro. La adversidad, cuando se vive con conciencia, puede ser el punto de partida para una vida más plena, más honesta y más fuerte.

No puedo dejar de mencionar la invitación que nos hace a tener una mirada más profunda a nuestra identidad y a la fe. En tiempos en los que buscamos encajar, ella nos recuerda la belleza de ser fieles a quienes somos. Nos muestra que no necesitamos permiso para ser nosotros mismos, y que muchas veces la fe no consiste en tener todas las respuestas, sino en confiar incluso cuando no las tenemos.

Como lector, este libro nos confronta. Me recordó que incluso personas como yo, que hemos trabajado por años en el desarrollo humano, también arrastramos nuestras propias "mentiras". Me llevó a mirar con humildad esas zonas de sombra en la vida de todos y que aún necesitan ser iluminadas. Y como conferencista, me inspiró a seguir hablando con más verdad, con más empatía y con más propósito.

Pero quizá lo más valioso de Érase una vez una mentira es el mensaje de esperanza que atraviesa cada página. Laura no nos deja en el dolor de la mentira; nos ofrece un camino hacia la verdad. Nos recuerda que es posible reconstruirnos, redefinirnos y comenzar de nuevo. Que no importa cuánto tiempo hayamos creído o vivido una mentira, siempre estamos a tiempo de elegir otra historia. Una historia más libre, más consciente y más real.

Este libro no solo merece ser leído, sino compartido. Es un regalo para todos aquellos quienes están cansados de sobrevivir y quieren empezar a vivir. Para quienes están dispuestos a cuestionar lo aprendido y abrazar lo verdadero. Para quienes quieren mirar al futuro con los ojos del alma abierta y mayor autenticidad.

Gracias a Laura por su valentía. Gracias por escribir con el corazón en la mano y la sabiduría de quien ha caminado su propio proceso hacia la verdad. Gracias por recordarnos que detrás de cada mentira hay una verdad que espera ser develada. Y que, en esa verdad, está la clave de nuestra verdadera libertad.

Hoy más que nunca, el mundo necesita voces como la de Laura. Y este libro, sin duda, será un faro para muchos. Con todo mi aprecio y admiración.

Dr. César Lozano.
Conferencista internacional, autor y
director de "Por el Placer de Vivir"

INTRO-DUCCIÓN

Érase una vez un mundo en el que los seres humanos buscaban la felicidad desde adentro, dejando que la brújula de vida que todos llevamos dentro nos guiara hasta encontrar nuestro destino. La pequeña vocecita interna nos servía de mapa para hallar, a lo largo del camino, la verdadera felicidad. Nos enseñaba a enfrentar la adversidad, a despertar nuestra fe y a encontrar nuestro propósito de vida, antes de que se nos acabara el tiempo.

Este propósito no era nada extravagante, no trataba de convertirse en "influencer" y tener millones de ***likes***, o de ganarse un premio Nobel. Encontrar nuestro destino simplemente era descubrir la misión para la cual llegamos al mundo, ese llamado para el cual fuimos creados, y ser lo suficientemente sabios y valientes para luchar hasta alcanzarlo.

Pero, en algún punto del camino, el mundo decidió ya no seguir la brújula interna que nos conducía hacia la verdad. La Humanidad se dio a la tarea de crear mentiras maquilladas de verdad, simplemente porque "nos hacían sentir mejor". Mentiras que aparentemente nos permiten ser "más libres" o que no restringen nuestra "individualidad". Son verdades a medias, que nos siguen repitiendo constantemente hasta embriagarnos de una nueva cultura en la que la verdad es condenada como **intolerancia** y la mentira es celebrada como "respeto a tu verdad".

Y así fuimos diciendo adiós al sentido común, nos convertimos en una sociedad que decidió callar su voz interior y llenó el mundo del ruido ensordecedor de las mentiras de este siglo, para alcanzar un falso sentimiento de libertad y dejar a las nuevas generaciones perdidas en un lugar sin reglas, sin normas y sin valores. Un mundo en el que todo vale, todo en pro de alcanzar "la felicidad".

Sin embargo, ¿y si hemos malinterpretado el verdadero propósito de la verdad? ¿Y si estas "reglas" nunca estuvieron destinadas a esclavizarnos, sino a guiarnos a través del caos de la vida y mantenernos a salvo?

Piensa por un minuto en las carreteras y semáforos que seguimos cada día. En teoría, sí, las carreteras restringen nuestros caminos. Solo podemos conducir en ciertas rutas, a determinadas velocidades y en direcciones específicas. Pero todo está diseñado para evitar el caos, los accidentes, y, en última instancia, para ayudarnos a llegar al destino sin perdernos en el camino.

La búsqueda de la felicidad

En el mundo de hoy, la búsqueda del "felices para siempre" parece interminable. Las personas dedican décadas persiguiendo "el secreto de la felicidad", invirtiendo su tiempo, dinero y energía.

Los medios nos han hecho creer que la felicidad está allá afuera, esperando a ser descubierta, sin darnos cuenta de que el mapa para encontrar nuestro destino lo hemos llevado siempre dentro. Pero, en algún punto, la Humanidad decidió deshacerse del mapa que nos había estado guiando durante generaciones, dejándonos a la deriva, sin una brújula que nos muestre a dónde debemos ir y dónde **estamos** parados ahora mismo.

¿Te suena familiar? ¿Sientes que has estado en piloto automático, navegando a la deriva durante los últimos 10, 20 o incluso 30 años, buscando tu verdadero destino sin un mapa claro? ¿Sin un conjunto confiable de instrucciones? O peor aún, ¿sin una brújula confiable de vida? Si es así, no estás solo, y este libro es para ti. En los siguientes capítulos desentrañaremos las herramientas esenciales que necesitarás en este viaje tan espectacular llamado vida, y te ayudaré a redescubrir tu verdadero norte.

Una metáfora de la vida

Según el Real Observatorio de Greenwich, el **verdadero norte** se refiere a la dirección que apunta directamente hacia el Polo Norte geográfico. Es un punto fijo en la superficie de la Tierra que nunca cambia. Sin embargo, existe otro concepto conocido como **norte magnético**, que es la dirección hacia la que apunta la aguja de una brújula al alinearse con el campo magnético de la Tierra. A diferencia del primero, el segundo se desplaza con el tiempo, moviéndose en respuesta a los cambios en el núcleo magnético de la Tierra. **No es un punto constante.**

Este fenómeno de los polos magnéticos cambiantes es una metáfora perfecta para lo que le ha ocurrido a la humanidad. Hemos dejado de seguir nuestro verdadero norte, esos valores inmutables que antes servían como cimientos firmes para construir nuestras vidas. En su lugar, hemos permitido que nuestra brújula interna sea arrastrada por las fuerzas magnéticas cambiantes de la sociedad moderna. Hemos sido atraídos en diferentes direcciones por influencias como los gobiernos, las redes sociales, la tecnología y la economía, permitiendo que nos dicten lo que es "verdad", sin detenernos a cuestionar o desafiar nada. Y eso, querido lector, es aterrador.

El poder de la verdad

Uno de los textos más antiguos y sabios, la Biblia, contiene una frase simple, pero poderosa: "La verdad los hará libres" (Juan 8:32). Independientemente de tu fe o creencias, hay una sabiduría profunda en la frase. **La verdadera libertad proviene de saber lo que es real y lo que no lo es**.

Cuando puedes ver el camino claramente, antes de dar el siguiente paso, hay una sensación de verdadera libertad. Pero, en el mundo actual, alguien, en algún lugar, se dio cuenta de que no necesitaba deshacerse de la verdad para controlar el mundo. En cambio, todo lo que tenía que hacer era alimentarnos con mentiras —pequeñas y constantes— hasta que un día, de repente, se convirtieron en nuestra verdad.

No te estoy hablando de teorías de conspiración ni de organizaciones secretas manejando los hilos del futuro de la Humanidad. Estoy hablando de empresas, medios de comunicación e "influencers", los cuales tienen mucho que ganar al vendernos su versión de la verdad.

Vivimos en un mundo que se ha enamorado de la idea de que "tu verdad y mi verdad son ambas válidas", siempre y cuando nos den "felicidad". Esa filosofía está en todas partes, desde la cultura popular hasta los libros actuales de autoayuda y la mercadotecnia, los cuales quieren monetizar nuestra mente a través del falso sentimiento de felicidad.

Pero, he aquí la pregunta: **¿realmente somos más libres, más felices?**

La trampa de la comodidad

El mundo creyó que al adoptar la cultura de "vive y deja vivir", finalmente alcanzaríamos la paz, la felicidad y la armonía. Pero, ¿somos realmente más felices? ¿Estamos más saludables, más realizados? ¿Es el mundo un lugar más seguro y pacífico que cuando seguíamos las verdades básicas y fundamentales?

En nuestra búsqueda de inclusividad y tolerancia, ¿no será que nos hemos convertido en una sociedad llena de apatía? ¿Hemos usado estos ideales como excusa para dejar de preocuparnos por los demás? Mientras estemos cómodos, mientras no enfrentemos ninguna fricción con el mundo, nos convencemos nosotros mismos, diariamente, de que todo está bien. Pero, ¿realmente lo está? ¿Estamos enseñando a nuestros hijos a ser más amables y abiertos de mente? ¿O los hemos vuelto tan indiferentes que ya no encuentran nada por lo que realmente luchar?

El día que decidí escribir este libro me di cuenta, al convertirme en madre, que criar a las nuevas generaciones se había vuelto una batalla campal. Una pelea constante entre mi yo interno de querer ser mamá y el bombardeo de la sociedad diciéndome que eso ya había pasado de moda, que la nueva meta para alcanzar el éxito era trabajar como si no tuviera hijos y criar hijos como si no tuviera que trabajar.

Una batalla constante entre lo que mi vida parecía a puerta cerrada y lo que Instagram, Facebook, TikTok o Pinterest me decían que debía lucir para los demás. Una guerra sin tregua entre querer enseñarle a mis hijos la verdad, pero estar paralizada por el miedo estremecedor al darme cuenta de que, allá afuera, el mundo los iba a querer convencer día y noche de que ya no existe espacio para aquellos que luchan por ella.

Y fue así como tuve que decidir entre seguir a la manada o convertirme en una "rebelde" de este tiempo. Me arriesgué a llamarle a la verdad por su nombre, a ponerme como misión dejar un pedacito de verdad en la vida de los demás.

Este libro lo escribir para ti, para el "tú" que siempre deseaste descubrir. Lo escribí para mis hijos, para los tuyos. Para aquellas generaciones que aún están por venir y para todos aquellos que saben, muy dentro de sí mismos, cuál es la verdad pero han sido silenciados o confundidos por un mundo que va muy deprisa y una sociedad que no se detiene a escuchar su corazón. Este libro no es para enseñarte una nueva manera de pensar, sino para recordarte lo que tu alma muy dentro sabe: el arte del buen vivir.

Los siguientes capítulos fueron escritos ¡para confirmarte que no estás loco! Que querer remar contra la corriente no es cometer ***suicidio social***, que ese vacío que no has podido llenar, aun teniendo una vida perfecta en Instagram, y que las ganas interminables de reconectarte contigo mismo, de escuchar tu voz interior. Tu destino está más cerca de lo que piensas, es solo cuestión de recordar por donde caminar.

Este libro es una invitación a redescubrir esos valores fundamentales que alguna vez sirvieron como nuestra brújula de vida. Es una invitación a reconectar con tu **verdadero norte**, esos principios inmutables y fundamentales que han guiado a la humanidad durante generaciones. Si sientes que has estado vagando por la vida sin dirección, buscando significado en los lugares equivocados, entonces estás en el lugar correcto.

Vamos a descubrir, a lo largo de las siguientes páginas, dónde encontrar la sabiduría necesaria para hallar la verdad. Y, para ello, es necesario saber dónde **no** irla a buscar. Porque, en un mundo donde la sociedad no quiere que le digan cómo vivir su vida, es gracioso ver cómo nos dejamos guiar por cualquier idea de moda, simplemente porque consiguió muchos ***likes***.

Y es que ser sabio no es lo mismo que poseer conocimiento. La sociedad actual está inundada con información, sin embargo, nos hemos convertido en seres incapaces de pensar. Dejamos que Siri, Google y Alexa nos digan cuál es el siguiente paso a dar.

También aprenderemos a descubrir el maravilloso regalo que se esconde en la envoltura de la tan temida **adversidad**, ya que nos hemos convertido en adictos compulsivos de todo aquello que nos produzca placer y comodidad. A tal grado de evadir cualquier reto o batalla, sin saber que es ahí donde se encuentra la semilla de la **oportunidad**.

Una vez que termines de leer este libro, no solo darás la bienvenida a los retos, sino que te convertirás en buscador ferviente de la siguiente misión a conquistar. Te habrás dado cuenta de que la adversidad no es el enemigo, sino que a través suya crece tu fuerza de voluntad y está el ingrediente clave para alcanzar el destino.

Otro villano que convertiremos también en aliado será al *señor tiempo*, un verdugo convertido en el ladrón más grande de los sueños, ya que las nuevas generaciones lo culpan por todo, sin tomar la responsabilidad de sacarle jugo a la vida y hacer que cada minuto de su existencia deje una marca en los demás.

Y así, al caminar juntos por este increíble viaje hacia la verdad, encontraremos la verdadera fuente de la felicidad, redescubriremos el poder de la fe y juntos aprenderemos a conocer aún más de ti mismo. Porque solo a través del recuerdo del que fuiste llamado es que encontrarás el propósito para el cual fuiste creado.

Así que regresemos a lo básico, redescubramos los verdaderos valores que dan forma a nuestra identidad, como la familia, la sabiduría y la fe, y usemos estos pilares para guiarnos hacia una vida con verdadero propósito. Juntos, emprenderemos un viaje para recuperar tu brújula interna, escuchar tu voz interior y redescubrir la verdad para desenmascarar este mundo lleno de mentiras disfrazadas de verdad.

¿Estás listo? Amárrate bien el cinturón de seguridad, y no te me vayas a bajar. El camino quizá sea un poco turbulento, pero ya verás que vale la pena embarcarse en este viaje ¡hasta encontrar tu destino!

Capítulo

#01

LA MENTIRA ACERCA DE LA FELICIDAD

LA MENTIRA ACERCA DE LA FELI-CIDAD

Apenas suena el despertador de tu teléfono celular, estiras la mano y, sin pensarlo, tu nuevo instinto es abrir las redes sociales para "ponerte al tanto de lo que pasa en el mundo".

Este nuevo hábito parece inofensivo. Quizás en tu mente lo justificas con la frase: "Es solo para ponerme al día". Pero, en cuanto lo abres, te sumerges en un mundo que bombardea, sin saberlo, con el nuevo concepto de "picture perfect life" o una ¡vida de película! La imagen de la "felicidad" es pintada por resultados externos, tales como el cuerpo perfecto, la pareja perfecta, los viajes, los coches y, sobre todo, la tan buscada "libertad".

Y es así como hemos formado un nuevo concepto de felicidad, pero la realidad es que la felicidad ha sido, en la historia de la humanidad, una "zanahoria" inalcanzable que hemos ido persiguiendo cual galgos en el cinódromo. O el pedacito de queso que nos mantiene dando vueltas en la rueda de hámster, sin llegar a ningún lado.

Sin embargo, hoy más que nunca me atrevería a decir que la idea de la felicidad está **sobrevalorada**. Las nuevas generaciones quieren ser "felices" ¡todo el tiempo!, ¡a costa de quien sea y de lo que sea! Todos te quieren vender cualquier idea con la promesa de que te "hará feliz". Desgraciadamente, nos hemos convertido en una sociedad que define una palabra tan compleja, simplemente como una **sensación,** en lugar de como un **estado constante de satisfacción**.

Aunque suene trillado, la felicidad no es un destino, sino el camino constante en este maravilloso viaje llamado vida. Son las pequeñas batallas emprendidas. Incluso si no resultan victoriosas, amasarán una cantidad de aprendizajes y habilidades que nos ayudarán a ganar la guerra al final. Pero si estás aun pensando "pues quiero saber cómo alcanzar la felicidad.

Si no me dices cómo, cierro este libro inmediatamente", ¡sigue leyendo! Vamos a descubrir juntos la magia de no buscar la felicidad, sino de ¡aprender a crearla!

¿Solo se vive una vez?

En el siglo XX, a raíz de la época de la Gran Depresión (1929-1939) y de los estragos que causó la escasez, la pobreza y los problemas sociales, se dio pie a una generación llamada los "Baby Boomers" (1946-1964). Los hijos de padres que habían sufrido los estragos de tiempos tan caóticos en la historia de la humanidad, se enfocaron en combatir el sentimiento de escasez y la inestabilidad económica persiguiendo la felicidad a través de "tener", "lograr" y nunca sentir que fuese suficiente.

Es así como, por generaciones, vimos padres estresados, cuadrados y extremadamente exigentes con sus hijos, en un esfuerzo exhaustivo por proteger a las siguientes generaciones de tener que vivir una etapa tan dura como la de ellos. Y es aquí cuando las nuevas generaciones deciden dar un giro de 180 grados. La idea fue simple: "vi a mis padres matarse trabajando y nunca fueron felices".

Entonces, las nuevas generaciones protagonizaron lo que los seres humanos hacemos mejor. Tomaron decisiones por un proceso de eliminación. Si la ruta a la felicidad no era para la izquierda, entonces —ahora sin pensarlo—, se agarraron a caminar por la derecha. Lo sé, suena ridículo que tomemos las riendas de la humanidad entera de esta manera, pero así funcionamos.

Las nuevas generaciones definieron que la felicidad no debía estar relacionada con **tener, hacer o lograr**. Ahora todo gira alrededor de **desear, sentir y disfrutar**. De ahí la temida frase del **YOLO** (You Only Leave Once), o mejor dicho "solo se vive una vez". ¿Para qué preocuparme del mañana si solo tengo garantizado el hoy?

Aunque dichas frases suenen profundas, casi salidas de la boca del propio master Yoda o de una película de Karate Kit, en una de las lecciones del señor Miyagi; aunque podrían ser colgadas en las paredes de un templo tibetano, la realidad es que esa filosofía de vida no tiene fundamentos.

¿Alguna vez has escuchado la historia de la cigarra y la hormiga? Así mismo es la vida. No puedes ir por el mundo viviendo el hoy, porque el hoy expira en 24 horas. Y como Cenicienta, ¡rápidamente se convierte en mañana, al sonar las campanas de las 12 de la noche! Evidentemente, tenemos que preocuparnos del **mañana**, porque te permitirá disfrutar de todos tus **ahora** por el resto de la vida. Ese es el estado constante de satisfacción que permite experimentar la felicidad.

Ausencia de dolor no es placer, ni el placer, felicidad

Vamos a comenzar por desmenuzar el concepto de felicidad, porque de nada sirve buscar algo que ni siquiera sabes cómo luce. ¿Alguna vez has estado esperando una cita a ciegas? Imagínate tener que encontrar a la persona en medio de la multitud, sin saber siquiera cómo es, sin una pista para identificarle. ¡Imposible! Así mismo vamos por la vida buscando la felicidad, sin saber siquiera cómo definirla.

Por eso, la mayoría de nosotros deja este mundo con más dudas que respuestas, con el marcador en ceros, por nunca haber sabido de qué lado quedaba la portería.

La Real Academia Española define la palabra **felicidad** como un estado de grata **satisfacción espiritual y física**. Relaciona esta palabra con sinónimos tales como dicha, satisfacción, bienestar, suerte, prosperidad, fortuna, alegría, bonanza, etcétera. Vamos por partes. ¿Ves cómo la palabra **satisfacción** es la pieza clave de su definición? ¿Te das cuenta que involucra no solo cómo te sientes **físicamente,** sino también **espiritualmente?**

Dudo mucho de que la Real Academia Española y sus decanos sean todos religiosos, pero no podrían haber definido la felicidad sin tomar en cuenta el lado espiritual, que es el mayor componente de nuestra felicidad y abordaremos en capítulos más adelante. Ya que le hemos echado un vistazo a la definición académica, ahondemos un poco en el concepto de **satisfacción constante y sensación pasajera.**

Lo primero que debemos entender es que las **sensaciones** tienen caducidad, son pasajeras. Por eso, una sensación no puede generar felicidad permanente. Es así como hoy día nos hemos convertido en "junkies" o adictos de lo que nos hace sentir bien por un momento. Pero, en cuanto se acaba, ¡necesitamos más y aún más intenso!

Ahora bien, ¿de dónde vienen las sensaciones? Debemos entender que son el producto de las **acciones**. Si no logramos entender el vínculo de **decisión-acción-reac-**

ción-resultado, si no nos detenemos a observar que son los **resultados** los que producen la felicidad —y estos resultados son la consecuencia de nuestras acciones y decisiones—, entonces estamos viviendo en un mundo de fantasía, donde la felicidad es simplemente un "switch" que podemos apagar y prender "on demand".

Si tenemos esa creencia, lo más triste es que cedemos el poder de crear nuestra felicidad a factores externos. Le dejamos el futuro de nuestra vida a la suerte, esperamos que los astros se alineen para que la vida se vaya en automático, todo nos salga bien, vivamos sin preocupaciones y logremos esa sensación de felicidad todo el tiempo.

Las nuevas generaciones han caído en el juego de **resta,** en lugar de **suma**. Creen que evitar las cosas que nos producen sensaciones opuestas a la felicidad —el estrés, la tristeza, la frustración—, ¡nos dará por ende felicidad!

Por ejemplo, si piensan que los hijos generan estrés, entonces mejor se compran un perro; si casarse se ve como restrictivo de la libertad, entonces pues no se casan (¡o peor aún, se divorcian!); si tener un trabajo fijo suena a mucha presión, entonces son "freelance"; si tener una casa y pagar hipoteca es demasiado compromiso, ¡viven en su coche!

Estado perpetuo de comodidad

Hemos convertido la balanza que mide la felicidad en un juego de no **sumarle** más a los retos y responsabilidades, pero sí **restarle** a las aspiraciones y logros para vivir una "felicidad" artificial llamada "conformismo". En dicha situación, la ausencia de dolor es considerada placer, y este placer es entonces comparado con la felicidad.

Y es que el concepto de trabajar por nuestra felicidad suena a demasiado esfuerzo. Si pudiéramos inventar una píldora de dopamina, que instantáneamente nos quitara cualquier emoción o sensación incómoda y nos produjera felicidad instantánea, seríamos todos adictos, sin importar el precio. Nos enfrentamos a una generación acostumbrada al placer instantáneo y al estilo de vida de "mínimo esfuerzo-mínima incomodidad".

Si no me gusta la película, la cambio; si me aburren los comerciales, me los salto; si no me atrae mi pareja, la que sigue... Lo más interesante es que estamos viviendo una época donde la comodidad se ha convertido en la prioridad. La hemos disfrazado de felicidad, ya que nunca encontramos la verdadera felicidad. Entonces, como dicen en inglés, "le pusimos labial al puerco", maquillamos nuestra incapacidad de trabajar por la felicidad y nos conformamos con un estado perpetuo de comodidad.

Lo triste es que nada más crees en la comodidad, y el ser humano está diseñado, programado y destinado a crecer, evolucionar, mejorar. Por eso, la biblia dice que "estamos llamados a ser imagen y semejanza de nuestro creador" (Génesis 1:26), y nuestro creador es perfección. Entonces, estamos llamados a la búsqueda constante para convertirnos en la mejor versión de nosotros mismos. Por eso se nos dio una vida completa para cambiar, evolucionar, crecer y ser cada vez más parecidos a Él.

Y es este pedacito de eternidad que llevamos todos en nuestra alma (Eclesiastés 3:11-13). Saber, muy en lo profundo, que no solo nacimos para vivir y morir, que hay algo más allá de nuestra vida mundana. Es esto lo que nos mantiene sedientos de encontrar sentido a la vida. Por eso, el conformismo y la comodidad, aunque producen una sensación pasajera que podría confundirse con la felicidad, no nos sacia, no es suficiente.

Incluso cuando el mundo se ha vuelto más cómodo y podemos evitar la mayoría de las incomodidades de la vida cotidiana, hoy día, más que nunca, existen un sinfín de aflicciones de salud mental, totalmente relacionadas con nuestra reducida capacidad de luchar por los sueños.

Actualmente, todos hablamos de sueños, pero ya nadie está dispuesto a poner el esfuerzo suficiente y constante para alcanzarlos. Es más fácil ir brincando de sueño en sueño, convenciéndonos de que, simplemente, el anterior no era para mí. Y es que casi mil millones de personas —entre ellas, un 14% de los adolescentes— padecen un trastorno mental, según datos de la Organización Mundial de la Salud (OMS).

Hoy, de acuerdo con este organismo internacional, los suicidios representan más de una de cada 100 muertes y el 58% de ocurre antes de los 50 años de edad. La situación de la salud mental está peor que nunca.

Entonces, si ya hemos establecido que la felicidad va más allá de una sensación, si ya desenmascaramos la mentira de que la felicidad es más que la simple ausencia de incomodidad, entonces ¿qué es la felicidad? Y más importante aún: ¿cómo la podemos fabricar? ¿Cómo podemos crear dosis de felicidad todos los días de nuestra vida, pese a las circunstancias externas?

Seamos honestos, la felicidad no se basa para nada en lo que te pasa ni en lo que tienes. Estoy segura de que conoces a muchas personas que quizás tienen mucho menos recursos, menos educación o enfrentan mayores problemas familiares, financieros, de salud, etcétera, y aun así parecen ser más felices y plenos que tú mismo.

Recuerdo mucho una etapa de mi vida, ya casi al final de los 20, en la cual estaba en la cúspide de mi carrera laboral. Viajaba en avión privado como la directiva más joven de la empresa en la que trabajaba, tenía una linda casa, buenos coches, un hermoso matrimonio con un esposo exitoso, estaba criando a mi primer hijo, contaba con una niñera en casa que me ayudaba, pero, por alguna razón, aún sentía que había algo dentro de mí que me hacía falta.

Como mi primogénito era tan pequeño, solía pasar las tardes acurrucándolo en la mecedora después del trabajo, en el porche de mi casa. Justo enfrente vivía una muchacha joven, de veintitantos, que tenía cinco hijos, todos de edades entre los cero y los seis años. Ella no trabajaba. Lo sabía porque la veía todos los días en casa con su tropa de cinco pequeños retoños. Vivía en el sótano de una casa de renta, a un par de casas de la mía.

Su esposo trabajaba de noche como cantante en los bares de la ciudad. Me imaginaba que no ganaba mucho, pues tener cinco hijos y rentar solo el sótano insinuaba que sus finanzas debían ser complicadas.

Sin embargo, esa joven lo despedía todas las tardes como cual Julieta a su Romeo. Lo veía con una admiración y un amor desmedido en sus ojos, como quien mira a su príncipe azul en armadura de acero. Y así todas las tardes, veía cómo ella y sus pequeños hijos, pegados de sus brazos, despedían al joven con sonrisas de oreja a oreja.

Ella, de condición menudita, cabellera negra, larga y siempre despeinada, despreocupada de la ropa que llevaba. Por lo general, solo una camisola blanca, jeans y sandalias. Los pequeños, con la ropa siempre llena de tierra y comida. A veces me los encontraba corriendo, ¡ya ni con ropa! Podía ver tras su ventana que tenían pocas cosas. La mayoría se notaba que eran donadas: un sillón rojo, otro amarillo, un comedor con sillas que, por más que intentabas, no combinaban.

Aun así, a lo lejos yo la envidiaba, envidiaba en silencio cuán feliz se veía, en medio del caos que para mí ella vivía. Podía ver que su vida era todo lo que siempre había sonado, en su cara se notaba que para eso había nacido, para ser madre y amar a su marido. Para ella, a la cúspide había llegado.

Al pasar el tiempo, pude confirmar mi historia. Después de conversar con ella, descubrí que venía de una familia disfuncional y había vivido de casa en casa, entre padres adoptivos, familiares y vecinos, pero un día conoció a su príncipe encantador cuando apenas eran jovencitos. Se casaron y él se comprometió a velar por ella y por todos sus hijitos, para que pudiera quedarse en casa y ser la madre que siempre soñó tener.

¿Y por qué te cuento esta historia? Quizás te estarás preguntando, ¿qué tiene que ver con la felicidad? ¿Necesito tener cinco hijos y vivir en un sótano para ser feliz? No, para nada. El punto clave de esta historia es, precisamente, lo que considero es el secreto para crear tu propia felicidad. Es el ejemplo perfecto de cómo algunas personas son simplemente más felices que otras, porque han descubierto la clave escondida que todos los demás pasamos la vida persiguiendo.

La mayoría de las personas que descubren este secreto realmente se tropiezan con él, y por eso no saben cómo describirlo. Sigue siendo todo un misterio, y para muchos es casi imposible identificarlo —y mucho menos enseñarlo. La moraleja de la historia es que la felicidad se logra cuando encuentras tu **propósito** y eres lo suficientemente valiente para perseguirlo.

Saber para qué vivimos

El propósito no tiene que ser algo pomposo o impresionante, como convertirte en astronauta o piloto de Fórmula 1. Tu propósito puede ser tan sencillo como el de la citada joven: ser la mejor madre de la historia, formar una hermosa familia y atesorar cada momento. Es ser fiel a quien tu alma misma sabe que tú eres, sin compararte, sin medir tu felicidad solo con un sentimiento: a través de los frutos que produce tu vida y estar plenamente satisfecho con ellos.

Ahora, esto es más fácil decirlo que hacerlo, y por ello siempre habrá que ahondar aún más para identificar tu propósito y cómo adquirir las herramientas para perseguirlo. Por lo pronto, déjame concluir mi historia. En esta etapa de mi vida, en la que todo lo externo era perfecto, pero dentro de mi aún había algo que me hacía falta, por mucho tiempo pensé que había algo mal conmigo. ¿Cómo era posible que tuviera una vida "de película" y aun así no lograra estar totalmente satisfecha? ¿Cómo podía añorar lo que aquella joven tenía, si a simple vista no tenía nada y yo lo tenía todo?

Por un momento pensé: quizás esa es la clave, viajar ligero, no tener apegos; la carrera y los títulos rimbombantes, quizás me pesaban; quizás tener dinero y cosas materiales no hacían más que distraerme de la verdadera felicidad. Y es que eso es lo que dicen algunas de las nuevas teorías, que la felicidad se encuentra en el mínimo esfuerzo, que la libertad es sinónimo de vivir sin ataduras.

La realidad no es que hubiera nada malo conmigo misma. No tenía nada de malo querer lograr más, tener más, convertirme en más. Tampoco era que no fuera agradecida con la vida o que las cosas materiales nublaran mi felicidad. Debemos entender de primer inicio que **la felicidad se ve diferente para cada uno de nosotros,** porque fuimos creados con **propósitos distintos**. Existe ya **un llamado** en la vida de cada uno de nosotros, y cuando por fin llegamos a entender para qué nacimos, ese día aprendemos a vivir. ¡Finalmente sabemos para qué vivimos!

Ese "llamado" requiere **esfuerzo,** trabajo duro. Contrariamente a las nuevas corrientes sociales, la presión constante, el estrés saludable y una buena dosis de diciplina y consistencia aplicados a todas las áreas de nuestra vida, generarán resultados que nos darán satisfacción constante. Esto nos proveerá con todos esos sinónimos de felicidad que definimos anteriormente: dicha, satisfacción, bienestar, suerte, prosperidad, fortuna, alegría, bonanza.

Todas estas palabras no son sensaciones, sino el resultado de las acciones enfocadas, tal como un láser, para alcanzar las metas y sueños que constituyen nuestro propósito de vida.

El estrés saludable no es más que un nivel moderado de estrés, que podría tener efectos positivos en nuestra vida. Ello nos conduciría a la motivación, mejor desempeño, crecimiento personal y preparación para situaciones futuras.

Ahora, para poder darte una receta a seguir y "cocinar" tu poción de felicidad diaria, retomemos el concepto de que **la felicidad no es una sensación o un sentimiento,** sino más bien **un estado constante de satisfacción.** Si la felicidad fuera una fórmula matemática, en la cual pudiéremos identificar las variantes para que dieran siempre el mismo resultado, se verían como algo así:

Usemos el acrónimo "DAR" para que lo recuerdes más fácil.

Decisión - Acción - Reacción / Resultado

=

(In) Satisfacción

(si las acciones son consistentes, la satisfacción será constante y el estado de satisfacción generará un estado de felicidad duradero)

Pongo un ejemplo muy práctico y sencillo: si tu meta es perder cinco kilogramos, entonces el primer paso es tomar la decisión de que quieres hacerlo. Muchas personas lo describen como metas, pero yo le llamo **decisiones**. Solo cuando estás realmente decidido, podrás estar listo para establecer una lista de nuevas **acciones** que generen **reacciones** o efectos positivos. Estos, a su vez, generarán un **resultado** positivo que desencadenará en una sensación de satisfacción y en felicidad. Todo esto, al final, nos ayudará a cumplir finalmente la meta.

Vamos a decir que las acciones son:

Ahora bien, empecemos con el día 1. Te levantas por la mañana y completas tus primeros 30 minutos de ejercicio. Esta acción ahora genera una reacción o efecto de satisfacción por haberlo logrado. Te motivará a tomar el siguiente paso, que es alimentarte sanamente durante el día y tomar suficiente agua. Porque, ¿quién en su sano juicio echaría a perder los 30 minutos de ejercicio estremecedor por una hamburguesa, verdad?

Entonces, la nueva acción de comer sano es inspirada por la motivación creada a través de la satisfacción de la primera victoria del día: completar tu ejercicio.

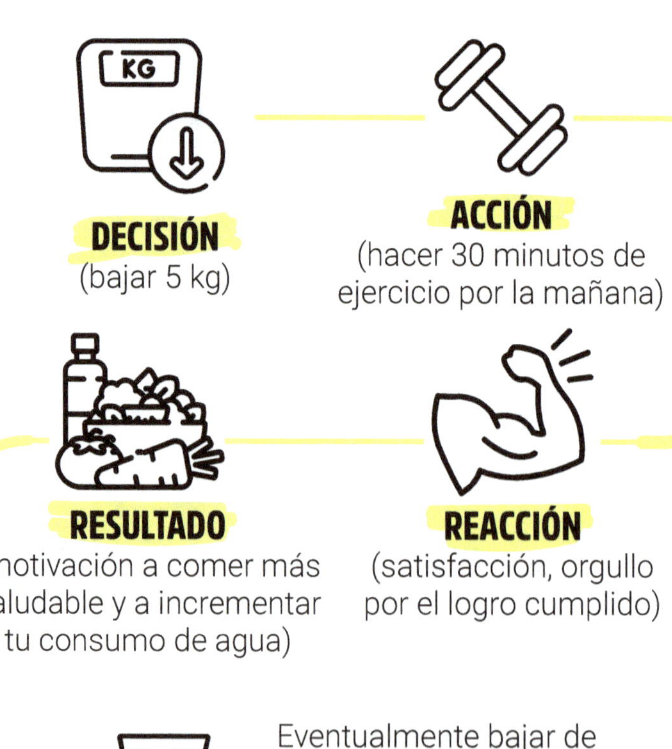

Eventualmente bajar de peso, tener más energía, la ropa te queda mejor

=

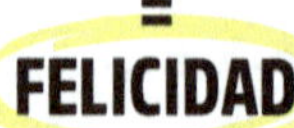

Después de una semana de seguir esta fórmula consistente, empiezas a ver **resultados** en la báscula. La ropa te queda mejor, y esto te motiva a seguir tomando las mismas acciones. Se generan las mismas reacciones y se producen los resultados que deseas. Todo esto te da un alto nivel de satisfacción y, por ende, ¡felicidad en esta área de tu vida!

¿Y adivina qué? La felicidad conseguida en esta área se espolvorea en las demás áreas de tu vida. Ahora vas más feliz al trabajo porque te sientes más atractivo, más lleno de energía. También ayuda a tu autoestima y tus relaciones interpersonales.

La dosis de satisfacción empieza a motivarte a tomar mejores decisiones en el trabajo, como hacer horas voluntarias en proyectos más importantes. ¿Por qué? Ahora tienes una autoestima más alta, quizá te motive a salir más y conocer a más personas, lo cual ayuda a tu salud mental. Quizá te motive a unirte a un grupo de maratonistas, que abrirá tu círculo social y —quién sabe— incluso conocerías al amor de tu vida.

En fin, te abre un sinnúmero de posibilidades. Las reacciones en cadena del sentimiento de satisfacción por los logros alcanzados, en tan solo una área de tu vida, son innumerables. Lo hemos sabido todo este tiempo. Por ello, si te pones a pensar en los momentos en que has alcanzado los niveles más altos y duraderos de felicidad, son los que vinieron como resultado de altos niveles de satisfacción, por logros que involucraron un alto nivel de esfuerzo y que alcanzaste después de un periodo determinado de tiempo.

Entonces, si ya sabemos que el proceso nos genera la verdadera felicidad, ¿por qué no lo seguimos en todas las áreas de nuestra vida? Bueno, porque la fórmula también funciona al revés (como toda fórmula matemática, puede ser verificada al derecho y al revés). Y si la modificamos o la paramos en algún punto, puede causar el efecto totalmente contrario. Es decir, en lugar de satisfacción produce **insatisfacción**, **incomodidad** y **dolor**.

Culpar al mundo, la estrategia favorita

Como ya vimos anteriormente, esto es algo que las nuevas generaciones quieren evitar a toda costa, pensando que la ausencia de incomodidad es la clave para ser felices "siempre". Entonces, en el ejemplo anterior de tomar acciones para bajar de peso, vamos a imaginar ahora que el despertador no sonó a tiempo, o te desvelaste el día anterior y te quedaste dormido. No encontraste la ropa de ejercicio y, para cuando aparecieron tus tenis, ya era hora de irte al trabajo.

Entonces, **decidiste** que la única opción era saltarte los 30 minutos de ejercicio. Desde ahí, tu mente lo procesó como una derrota. Al llegar a la oficina, comerte esa galleta que llevaron a tu escritorio, no suena tan mala idea, porque "de todas formas el día está arruinado". Empiezas a caer en una espiral de malas decisiones, porque la "**decisión**" de no haber ejercitado en mañana, generó una reacción de derrota y frustración que te llevaron a tomar **acciones** del mismo tipo. Ahí es donde las nuevas generaciones **han modificado la fórmula de la felicidad**.

Como la acción generó una reacción y una sensación negativa, entonces, en lugar de equiparse con herramientas que les ayuden a enfrentarla hasta que la fórmula funcione, mejor alteran la fórmula. Y en lugar de retomar las acciones positivas, mejor paran el proceso y se conforman, en este caso con los kilitos de más. Se autoconvencen que "no todo es acerca de la apariencia".

En lugar de esforzarse aún más para generar mejores hábitos, se venden a sí mismos la idea de que esos kilitos son culpa de algo externo, como la genética o las hormonas que le vienen con la edad. Y es que esto resulta más fácil que tomar responsabilidad por sus acciones, las cuales determinan los resultados. Culpar al mundo, en lugar de voltear a nosotros mismos, se ha convertido en nuestra estrategia favorita, sin darnos cuenta de que esto cede el poder a algo externo y nos roba el control de nuestras vidas.

No conforme con esto, para no sentirse como un fracaso, deciden cambiar la narrativa, tergiversar el guion y tomar ahora un nuevo **propósito**, porque todos necesitamos seguir un propósito. Lo necesitamos más que el aire que respiramos, pero la clave es elegir el correcto.

En lugar de bajar de peso, deciden empezar una campaña de "aceptación a las personas con kilitos de más". Es más, van y hacen marchas, pancartas y hasta leyes para proteger a las personas con "complexión amplia" (porque para ese entonces ya no se les puede llamar "gorditos"; ya incurrimos en el gran pecado del siglo que es la no tolerancia, discriminación y no sé qué otras cosas, lo cual en la antigüedad se llamaba simplemente ¡ser sincero!).

Quizás te estés riendo de este ejemplo tan exagerado o tal vez estés a punto de cerrar el libro, porque ¡no te pareció gracioso! Pero así mismo es nuestra sociedad actual. Es solo un ejemplo acerca de perder peso, pero así nos hemos convertido ¡para todo!

Si la meta, cualquiera que sea, se vuelve muy complicada, si el precio a pagar por los resultados que queremos es muy alto, si nos convencemos a nosotros mismos de que el esfuerzo que se requiere no vale la pena, si la incomodidad o el dolor del proceso es demasiado, entonces mejor lo dejamos y buscamos una manera de justificar nuestra incapacidad de esforzarnos. Y, por lo general, lo hacemos en el "nombre de nuestra felicidad", como si esta se alcanzara renunciando.

Mentiras para proteger el ego

Sé que tal vez puedas sentir que mi manera de desenmascarar las mentiras del siglo es un poco cínica, pero quiero que a través de estos capítulos me pueda convertir en esa amiga que todos necesitan hoy en día. Esa amiga a la que realmente le importas y que quiere decirte las cosas como son. Alguien tiene que llamar a las cosas por su nombre, para que te des cuenta de tu potencial infinito y de que estás dejando pasar, simplemente por vivir en una verdad construida a base de mentiras, que han sido repetidas tantas veces que se convirtieron en verdad.

La razón por la que nos hemos ido construyendo esas mentiras es protegernos el ego, para evitar hasta el más mínimo dolor. Pero, enfrentar los miedos y atravesar nuestra propia barrera de dolor construirá el músculo de resiliencia que nos ayudará a convertirnos en lo que realmente nacimos para ser. Y eso, señoras y señores, ¡es la verdadera felicidad!

Ahora sí, como toda buena amiga, no solo te digo "de qué pata cojeas". Te daré estrategias prácticas para seguir la fórmula correcta y crear la felicidad.

Paso #01 Descubrir tu propósito de vida (repáselo nuevamente en el capítulo _____).

Paso #02 Definir las áreas de tu vida en la que deberás establecer las metas que te llevarán a alcanzar tu propósito y decidirte a ir por ellas.

Paso #03 Una vez que ya tomaste la decisión, deberás definir las acciones requeridas para generar las reacciones y resultados que te darán satisfacción constante, lo cual resultará en satisfacción plena, que es la verdadera definición de felicidad.

Ahora bien, estos pasos son un proceso constante. No significa que no alcanzarás la felicidad hasta que por fin cumplas tu propósito de vida, o hasta que logres tomar siempre las acciones-hábitos correctos que generen los resultados deseados.

Algunos estudios hablan de que toma aproximadamente 66 días para forjar un nuevo hábito; pero la felicidad que producen las pequeñas victorias a lo largo del proceso, son las dosis que necesitamos aprender a crear. Hasta el punto de que los nuevos hábitos se conviertan en automáticos y nos produzcan un estado perpetuo de satisfacción llamado felicidad.

Esas pequeñas victorias, tal como piezas de lego, comienzan a amontonarse hasta construir un estado pleno de alegría, gozo, paz y satisfacción, que en conjunto aglomeran la felicidad. Así, que lo más importante para alcanzar la felicidad es ¡no rendirte! Es no desistir a la menor señal de incomodidad o ausencia de resultados.

Para esto, es importante que entiendas otro concepto importante: el desánimo nos llegará a todos. La fórmula de la felicidad **(Decisiones-Acción-Reacción-Resultado = (In)Satisfacción)**, también funciona en lo opuesto. Aplicada de la manera incorrecta, generará insatisfacción o desánimo.

Si las decisiones son negativas, las acciones serán de igual manera. Déjame decirte que los pensamientos, las decisiones y las acciones tienden a agruparse. ¡Son como imanes! En cuanto eliges un pensamiento o acción negativa o positiva, se desencadena una reacción de pensamientos y acciones de su mismo tipo.

Por eso es importante aprender a **identificarlos** y **pararlos,** para después **reemplazarlos**. Entonces, como puedes darte cuenta, el truco para generar dosis de satisfacción constante (o sea, felicidad), es seguir el proceso una y otra vez en todas las áreas que forman los pilares más importantes de tu vida, tal como los elegiste. La satisfacción del deber bien cumplido te acerca cada vez más a tu propósito y es lo que genera la satisfacción espiritual y física que define finalmente la felicidad.

Para cerrar este capítulo, exploremos algunos conceptos que aprendimos:

 Entender que ser feliz no significa "sentirte" feliz todo el tiempo.

 La felicidad no es la ausencia de incomodidad o de alguna otra emoción contraria a la felicidad.

 Vivir solo "el ahora", nos robará el mañana.

La clave no está en quitar lo que no nos gusta, sino más bien en agregar a la vida más de lo que nos llevará a alcanzar nuestro propósito.

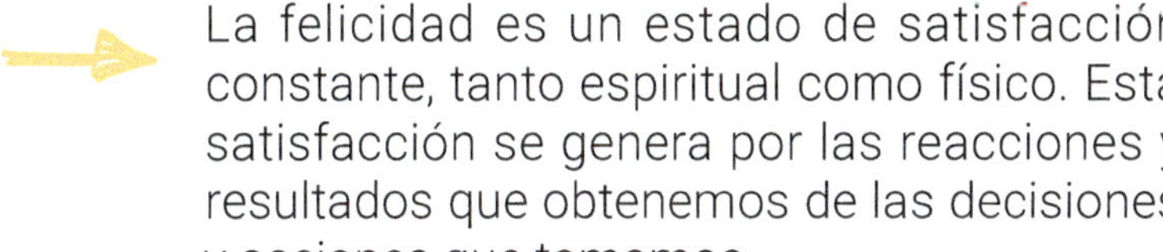

La felicidad es un estado de satisfacción constante, tanto espiritual como físico. Esta satisfacción se genera por las reacciones y resultados que obtenemos de las decisiones y acciones que tomamos.

La felicidad se alcanza cuando nos acercamos a nuestro propósito, y este luce diferente para todos.

Enfrentar retos nos genera resiliencia, y esta a su vez nos permite ganar las pequeñas batallas que nos llevarán a alcanzar la felicidad (propósito-esfuerzo-resiliencia-felicidad)

No cambies tu propósito por seguir el camino de menos resistencia. Esa ruta jamás te llevara a la felicidad.

La felicidad llega cuando estás satisfecho con el deber cumplido.

Y, finalmente, recuerda que la felicidad se construye ¡pasando por la adversidad! ¡Este es un ingrediente necesario para vivir satisfechos todos los días!

Y hablando de esto, ¿qué tal te parecería aprender cómo tomar esa piedrita en el camino, llamada "adversidad", y transformarla en la piedra angular sobre la que construirás la base para el éxito? Si es así, acompáñame a los siguientes capítulos donde aprenderás —como en la historia de David y Goliat— a convertir las piedritas llamadas adversidad, el tiempo y el dinero en las armas necesarias para alcanzar los tan anhelados éxito y libertad. ¡Así te garantizarás finalmente la felicidad! Si estás listo, ¡vamos de una vez!

Capítulo #02

LA MENTIRA ACERCA DE LA SABIDURÍA

LA MENTIRA ACERCA DE LA SABIDURÍA

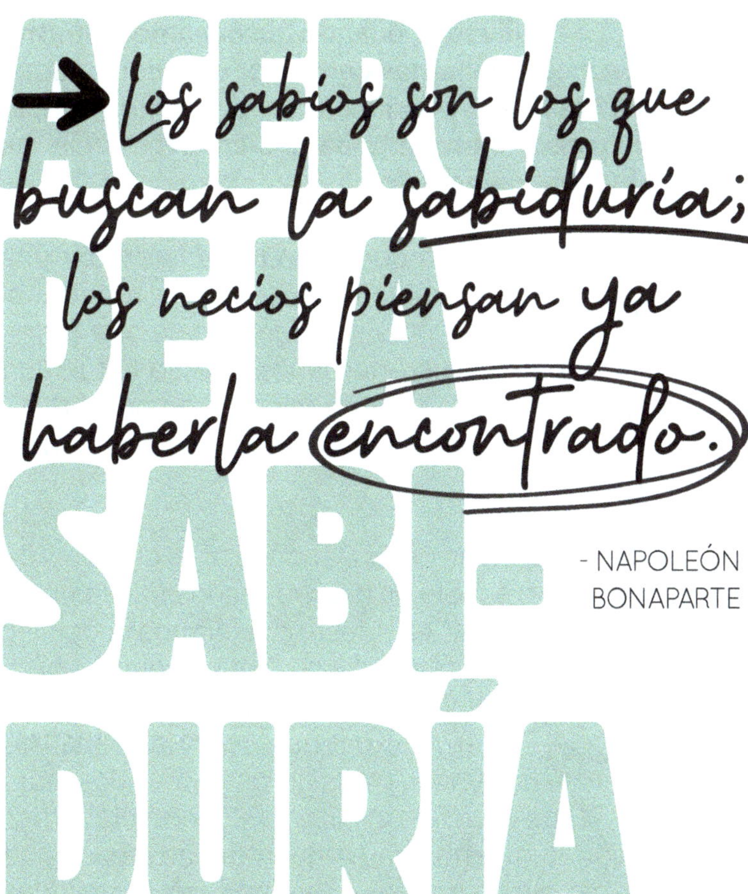

¡Todos gordos!

¡Sí! En el mundo de hoy, estamos todos gordos de información. Consumimos información todo el día, todos los días, pero hemos perdido por completo la capacidad para buscar, filtrar y procesarla. Así que, simplemente, la ingerimos, ¡sin siquiera tomarnos el tiempo de digerirla correctamente para que finalmente nos nutra!

En los viejos tiempos (y con eso me refiero a los años 90, así que no pienses que soy demasiado vieja o anticuada), cuando buscábamos información, necesitábamos confirmar una teoría, tomar una decisión informada o simplemente verificar un hecho, lo investigábamos en diversos libros y fuentes de estudio.

Recuerdo incluso que, para poder entregar una tarea de investigación, era necesario mostrar al menos cinco fuentes fidedignas, o de otra forma ¡no contaba! Lo comprobábamos, lo estudiábamos hasta llegar a una conclusión rotunda. Era así como tomábamos decisiones y nos formábamos opiniones.

No lo buscábamos en Google, ni le preguntábamos a Alexa y Siri, ni mucho menos salíamos corriendo a buscar en nuestros teléfonos la opinión del "influencer" favorito o de alguna figura pública, cuya idea pudiera validar nuestros propios pensamientos. En cambio, realmente profundizábamos en el tema, buscábamos libros publicados, estudios, expertos en el campo y experimentábamos nosotros mismos para encontrar las respuestas. Ese era, simplemente, el camino hacia la sabiduría.

Había muchas habilidades involucradas en el proceso de búsqueda insaciable de respuestas, a preguntas tan profundas como nuestra misma existencia. Ejercitábamos la **paciencia**, el **enfoque**, la **curiosidad**, el **pensamiento analítico** y la capacidad de descartar cualquier cosa que no tuviera suficiente fundamento para convertirse en parte de la **verdad**. Y es que el ser humano siempre estará en la búsqueda de la verdad, es ahí donde yace la mayor diferencia entre nosotros y las demás especies del reino animal: en nuestra capacidad de razonar, soñar e imaginar todas estas preguntas existenciales, en nuestra exploración para encontrar sentido a nuestras vidas.

Pero, ahora, todo eso se ha perdido. Cualquier idea que se le ocurra a alguien puede ser validada en cuestión de segundos por los medios digitales, simplemente colocando la combinación correcta de palabras en el buscador; con tan solo seleccionar tu fuente favorita en internet, ya sea Wikipedia, Google o ChatGPT, puedes encontrar suficientes "hechos" para respaldar cualquier punto de vista, por más errado que esté.

Si no me crees, ¡pruébalo! Estoy segura de que puedes encontrar diez artículos "científicos" que verifiquen que ser carnívoro es la respuesta para la salud. También puedes encontrar otros diez estudios, igual de convincentes, que dicen que ser vegetariano es la clave para la juventud eterna. Todo ello en una búsqueda de tan solo 15 minutos. ¡Y esto es aterrador! Porque es así como las nuevas generaciones están formando su conciencia y valores, tomando decisiones que cambiarán el curso de la sociedad.

"La verdad nos hará libres"

Entonces, aclaremos algo: nuestras fuentes actuales de información ¡no producen sabiduría, ni requieren de sabiduría! El 99% de la información que consumimos en nuestra vida diaria, carece de fundamentos sólidos.

Aquí la evidencia es contundente.

Un estudio de 2021, publicado en la revista "Nature Human Behaviour", analizó más de 6.000 búsquedas en Google y encontró que solo el 44% de los resultados principales ofrecían información precisa y confiable. Otro análisis de 2020 realizado por la organización ***nonprofit*** FAIR reveló que el 46% de los resultados principales de búsqueda contenían información engañosa o falsa.

Varias investigaciones han demostrado que muchos sitios web utilizan técnicas de SEO agresivas para aparecer más alto en los resultados de búsqueda, sin importar la calidad o precisión de su contenido. Por ejemplo, un estudio de 2019 encontró que solo el 5% de los resultados principales en las búsquedas de Google eran clasificados por su relevancia y confiabilidad, mientras que el 95% restante se basaba en estrategias de SEO.

No por gusto, solo el 16% de los estadounidenses confía "mucho" en las noticias que recibe a través de redes sociales, según una encuesta de 2021 de la Universidad de Michigan.

En un campo tan sensible como la salud, una revisión de 2019 publicada en la revista "Nature" encontró que solo el 9% de los sitios web sobre salud y medicina ofrecían información de alta calidad y basada en evidencia. Otro análisis de 2021 con más de 11,000 artículos en línea sobre temas de salud, descubrió que solo el 34% proporcionaba información precisa y confiable.

Tales hallazgos sugieren que, incluso la información que consideramos más confiable, como la académica y científica, a menudo carece de solidez y rigurosidad.

Entonces, bien que hayamos aclarado esto. Bien que finalmente hayas aceptado la dura verdad. Estoy segura de que ya la conocías, pero de igual forma la ignoraste, porque te sentías cómodo alimentándote de información, sin tener que procesarla.

La realidad actual es que cualquier idea que cruce nuestra cabeza, puede ser respaldada por una búsqueda de cinco minutos en internet. Entonces, creemos tener siempre la razón (solo porque Google dice que es verdad) Y esto ¡nos hace sentir genial! Pero aun cuando esto se sienta bien momentáneamente, todos los seres humanos llevamos dentro el deseo constante de encontrar la verdad. Porque, como dice una muy conocida frase, "la verdad nos hará libres" (Juan 8:31). Y es que no hay nada más perseguido que la libertad en la historia de la Humanidad.

Hallando el verdadero norte

¿Qué te parece si nos aventuramos a desenmascarar algunas mentiras sobre la sabiduría y descubrimos juntos las fuentes donde sí la podemos encontrar? Esto te llevará al hallazgo del verdadero norte, en esa búsqueda incansable por alcanzar la felicidad, el éxito y el propósito de tu vida.

Bien, ahora, si ya establecimos que Google, Siri y Alexa no son los mejores consejeros, entonces, ¿dónde vamos a encontrar la verdad? Comencemos por ver algunas fuentes, de las cuales, históricamente, ha emanado la sabiduría.

Primero, apuntamos a los **libros**, sobre todo a la literatura un poco más antigua, ya que en siglos anteriores las publicaciones eran realmente escudriñadas antes de ser publicadas.

Hoy día, la mayoría de los libros no son más que un sinfín de opiniones sin bases ni fundamentos. Cualquier persona puede escribir un libro. Date una vuelta por la tienda de libros más cercana y te darás cuenta de que existe una cantidad innumerable de autores con cero experiencia, tanto de vida como académica, que se han convertido hasta en best Sellers. Y es que, hoy día, ya no es acerca de información y contenido, sino un juego de mercadotecnia y popularidad.

Ahora bien, uno de los libros de sabiduría más antiguos es la Biblia. Y nuevamente, dejando de lado tus creencias, es sin duda el que ha servido como base para muchas otras creencias espirituales, religiones y corrientes culturales del desarrollo personal y la industria de la autoayuda.

Así que, a los efectos de encontrar fuentes de sabiduría, estudiaremos verdades contenidas en este libro, ya que sus conceptos son altamente aplicables a través de diferentes culturas, religiones y épocas de la historia. Por ello, es tan relevante hoy, como durante miles de años desde que se escribió. Tanto, que muchas de nuestras leyes actuales, e incluso descubrimientos revolucionarios, están basados en su sabiduría.

Para encontrar la raíz de la tan buscada "verdad", estaremos citando algunos de sus conceptos. La Biblia contiene, de acuerdo con muchos eruditos, el origen de la sabiduría humana.

Una de las partes más importantes de la Biblia es el libro llamado "Proverbios". Se habla de que su autor, el rey Salomón, tuvo la oportunidad de pedir a Dios cualquier cosa que deseara, pero, en lugar de solicitar riquezas o fama, pidió sabiduría. Al hacerlo, todo lo demás se le dio por añadidura. Esto nos lleva a pensar que la sabiduría es el ingrediente secreto para obtener todos nuestros sueños, incluyendo la riqueza, el éxito, la fama... (Proverbios 4:7-Proverbios 8:11).

Obtener sabiduría te ayudará a tomar las decisiones y acciones correctas que te guiarán finalmente en el camino hacia el éxito. Así que, en vez de darle un par de clics a tu computadora, en busca de la respuesta correcta al siguiente problema existencial, mi primer consejo es llenar la mente con información sólida. Llenarla con la sabiduría de hombres y mujeres que pasaron la mayor parte de su vida investigando, probando y comprobado teorías y estrategias que han servido a la humanidad por décadas a través de los libros.

Malas decisiones, malos resultados

La realidad es que la forma en que funciona nuestro cerebro es muy parecida a la de un buscador de internet. En cuanto necesitas obtener información, realiza una búsqueda inmediata en su base de datos, y de ahí toma la información más relevante entre sus archivos. Así también funciona la mente. Si la llenamos de información correcta, el proceso de decisión será más efectivo; pero si permitimos que entre cualquier tipo de información, sin cuidar las fuentes y sin tomarnos el tiempo de filtrarla y analizarla, nuestras acciones y reacciones se volverán erradas.

Muchas personas se pierden hoy en el ciclo interminable de tomar malas decisiones y obtener malos resultados. Simplemente, porque su base de datos mental está contaminada con la información bombardeada diariamente. Esto es todavía peor si solo proviene de los medios de comunicación, ya que estos no están interesados en educar o informar.

Más bien están enfocados en mercadear y dirigir al consumidor. Como si fuéramos ratones de laboratorio, guiados por un pequeño pedacito de queso en un laberinto, para asegurarse de que tomemos el camino que ellos desean.

En pocas palabras, su trabajo es monetizar nuestra mente y hacer dinero cada vez que el dedo se desliza por el celular. Y es que hoy día estamos tan atiborrados de información (o debería llamarse desinformación), que nos queda poca capacidad cerebral para tomar decisiones sabias.

Un estudio realizado en 2015 a través de Microsoft demostró que, gracias al uso de redes sociales y las horas interminables que pasamos frente a los dispositivos móviles, ¡nuestro spam de atención es de ocho segundos, cuando el de un pez oro es de nueve segundos!

Imagínate eso. El primo hermano de Nemo pone más atención que nosotros. ¡Y todo esto nos tiene exhaustos! El problema radica en que estamos exponiéndonos inconscientemente a cualquier fuente de "información", sin tomar conciencia de que todo está inundando nuestros archivos mentales con datos sin fundamentos, con creencias e ideologías sin bases y carentes de sabiduría.

Fuentes verdaderas de sabiduría

Lo primero que debemos hacer es tomar responsabilidad de lo que ingerimos, poner atención a dónde y cómo obtenemos información y conocimiento.

Ahora bien, el siguiente escondite donde podemos buscar sabiduría es **¡en el consejo de los demás!** Y quizás estés a punto de decirme: "Claro que no. Yo no necesito la opinión de nadie para vivir mi vida. Pues, ¿adivina qué? ¡Sí la necesitas! Así es como la raza humana ha podido sobrevivir, prosperar y evolucionar durante miles de años.

Mucho antes de que existiera el "Sr. Sabelotodo", también conocido como Google, los humanos dependían del **consejo, la experiencia** y, en general, de **la sabiduría de los demás**. Mucho antes de que tuvieran lenguajes y formas organizadas de comunicación, los humanos entendían el valor de compartir sus experiencias con otros, como una forma de auto-preservación de la especie.

Por eso, idearon pictogramas dibujados en cuevas y grabaron sus ideas y descubrimientos, en papiros que se enrollaban, almacenaban y protegían durante siglos, para advertir a sus compañeros sobre alimentos peligrosos, depredadores u otras tribus que representaban una amenaza.

Compartían consejos de vida, experimentos y descubrimientos agrícolas, todo para ayudar a avanzar a las futuras generaciones, asegurarse de que sus propias experiencias no se perdieran y poder servir a los demás. Por eso también consideraban sagrada la práctica de reunirse alrededor de fogatas, para contar historias que a menudo se compartían a lo largo de generaciones. Y aún más, por ello en la antigüedad valoraban altamente a los ancianos y los convertían en la piedra angular de tribus y civilizaciones.

En muchas culturas, incluso hoy, los ancianos crían a los niños, ya que son más sabios, y los padres trabajan para llevar provisiones a sus comunidades, ya que son los más fuertes. Sorprendentemente, esta dinámica funciona en perfecta armonía para muchas civilizaciones alrededor del mundo.

Por ejemplo, se han hecho increíbles estudios acerca de unos pueblos llamados "Blue Zones" o zonas Azules, que se encuentran en diferentes partes como Italia, Japón, Grecia, Costa Rica e incluso California. Tal y como reveló la revista "National Geographic", estos pueblos están considerados como los establecimientos humanos con mejor salud y mayor longevidad en el mundo entero.

Una de sus tantas peculiaridades en común es que sus ancianos forman una parte central en la comunidad. Esto ayuda a fortalecer las conexiones interpersonales y a dar un sentido de propósito aún más elevado a las personas de edad mayor, pero también a preservar las grandes lecciones de vida para las siguientes generaciones.

Una aldea entera para criar a un niño

Las nuevas generaciones han despojado el concepto de respeto por los mayores, lo cual ha afectado profundamente muchas áreas de nuestras vidas, y las suyas propias. El dicho "se necesita una aldea entera para criar a un niño", tiene mucho sentido. A mí no solo me criaron mis padres, sino también mis tíos, tías, abuelos y maestros.

Prácticamente, cualquier adulto a mi alrededor tenía el derecho de opinar sobre mi comportamiento, mi vida y mis decisiones. Y, por supuesto, en aquel tiempo esto no me parecía para nada divertido. Sentía que un ejército de personas observaba cada uno de mis movimientos, desde no colocar los codos en la mesa, no hablar mientras masticaba, no levantar la voz a los adultos, y decir "por favor" y "gracias "todo el tiempo, etcétera.

La tarea de criarme correctamente no estaba confinada a mi hogar. Los mismos valores eran reforzados por los maestros y prácticamente por todos en mi alrededor, en todas las áreas de mi vida. Dado que los valores centrales de la sociedad eran bastante estándares y compartidos por la mayoría, era fácil para todos corregir y redirigir cuando alguien se desviaba.

Pero, en el mundo actual, la gente ha tomado una posición firme de no querer que nadie se involucre en sus vidas, o en la de sus hijos. Y, aunque en teoría suene como una estrategia muy liberadora, de hecho es lo que ha llevado al agotamiento de los padres, a la incapacidad de los niños para respetar la autoridad de los adultos y a la pérdida de una posición sagrada en la sociedad para nuestros mayores.

Por ejemplo, mi madre vino a visitarme cuando recién estaba criando a mi hijo mayor. En aquel entonces tenía dos años y yo acababa de dar a luz a mi segundo bebé. Como somos inmigrantes provenientes de un país del Tercer Mundo, nuestra forma de criar a los niños difiere mucho de las costumbres modernas norteamericanas.

Entonces, una tarde, después de haberme visto lidiar con la maternidad, el matrimonio, mi carrera profesional y mi negocio, además de cuidar el hogar y buscar tiempo para mí misma, mi madre me dijo: "¡Dios mío! ¡No me extraña que estés tan cansada! ¡Estás haciendo todo esto sola!".

Sus palabras me sorprendieron, ya que me había mudado mucho antes de tener a mi primer hijo y no conocía otra forma de criarlos. Mi madre, tras mi sorpresa, me explicó cómo necesitaba dejar entrar a personas en mi vida para ayudarme. Para aligerar la carga, necesitaba crear conexiones con vecinos, personas de la iglesia, mi negocio y en las escuelas de mis hijos, para asegurarme de no ser la única fuente de influencia en sus vidas.

Obviamente, debía elegir con cuidado a quién dejaba entrar en nuestras vidas, ¡pero **tenía** que dejar entrar a personas, por el bien de ellos y el mío propio! Y aunque el proceso tomó tiempo, tuve que crear un proceso activo para elegir quién iba a ayudarme a co-criar a mis hijos. Hoy puedo decir que mi vida se volvió mucho más fácil, divertida y rica en sabiduría, y mis hijos se han beneficiado enormemente de tener personas en sus vidas que no son como yo, pero que comparten los mismos valores fundamentales.

Sus personalidades han florecido, tienen pequeños pedazos de esas personas importantes en sus vidas, lo cual los ha hecho más humanos y empáticos, se sienten más amados y apoyados, lo cual los ha ayudado a crear una autoestima más alta. Además, esas personas han podido contribuir a hacer de estos pequeños mejores personas. Eso, sin duda, nos trae propósito a todos.

La vida es un ciclo que se repite

Ahora, en términos de poder transmitir el conocimiento de generación en generación, es evidente que en el mundo actual la sabiduría de siglos se está perdiendo lentamente. Como dijo el sabio autor y escritor Jorge Agustín Nicolás Ruiz de Santayana: "Quien no conoce su historia, está condenado a repetirla". Por lo tanto, la humanidad está cayendo en trampas que ya había experimentado y conquistado antes.

Ahora estamos condenados a repetir y aprender de nuestro sufrimiento, en lugar de prevenirlo aprendiendo de la sabiduría de otros. La sabiduría viene con la experiencia, y los años traen experiencia.

No estoy diciendo que todas las personas mayores sean sabias, pero hay una razón por la cual muchas culturas aún mantienen lugares especiales en sus sociedades para los mayores. La razón es que, independientemente de la era en que naciste, la vida es un ciclo que se repite. Al igual que la moda, que vuelve cada pocos años. La vida es igual. Todos pasamos por los mismos desafíos en nuestros matrimonios, finanzas, fe, trabajos. Tanto hoy como lo hicieron nuestros padres y abuelos, hace décadas y siglos.

Por lo tanto, tener personas en nuestras vidas con más experiencia, que han caminado por más tiempo y han superado los desafíos que hemos experimentado, debería ser algo que busquemos y acojamos regularmente.

No significa tomar cada consejo que recibimos de nuestra tía de 90 años, que parece tener una opinión sobre cada cosa. O del vecino entrometido, que se pasa cada tarde mirando nuestra casa desde su porche. Aquí es cuando entra en juego la capacidad de recibir información, diseccionarla, procesarla y aplicar lo que consideremos útil.

Sin embargo, desafortunadamente, en el mundo moderno hemos adoptado la cultura de "no juzgar ni ser juzgado". Nos encanta la ideología de "tú haz lo tuyo y déjame hacer lo mío", "si no te afecta, ¿por qué debería importarte?".

Y lo peor de todo es que muchos padres hoy día han adoptado esta filosofía como una forma de criar a las futuras generaciones. Se sienten orgullosos de dejar que sus hijos tomen sus propias decisiones, con la excusa de que no quieren "limitarlos" o imponerles sus propias ideas. Y en su afán de que nadie les diga nada (a ellos o a sus hijos), promueven continuamente una cultura de "dejarlos aprender a su manera".

En teoría, eso suena sabio, ¿verdad? Suena como libertad. Incluso, se aplaude como una cultura de inclusividad y tolerancia, pero no hay nada más lejos de la verdad. Una de las maneras innatas para que los seres humanos adquiramos y ejercitemos la sabiduría es precisamente "juzgar". Instintivamente, nuestros sentidos están equipados para absorber información del entorno y tomar decisiones basadas en la información guardada en los "archivos mentales".

Esta información, conjuntamente con lo que podemos llamar nuestro "sexto sentido", nos ayuda a tomar decisiones importantes para la supervivencia. Esto ha funcionado así desde la antigüedad. Debemos recordar que el cerebro, aun cuando el mundo a nuestro alrededor ha ido evolucionando, y los procesos fisiológicos (physio: físicos / lógicos: mentales) aún siguen siendo primitivos. Su mayor función es protegernos y asegurar nuestra supervivencia.

De tal modo que la tendencia de "no juzgar" a los demás, realmente ¡no funciona! Porque la supervivencia humana requiere precisamente que nos volvamos expertos en "juzgar". Si aún no estás convencido, si esa palabra te hace fruncir el ceño y se te hace un nudo en el estómago al escucharla, quizá sea porque el mundo le ha dado una connotación negativa.

Hemos sido programados para rechazar cualquier tipo de comentario, consejo o retroalimentación que vaya en contra de nuestras propias opiniones. Entonces, para ir limpiando su mala fama, para ayudar a convencerte de que la palabra "juzgar" es en realidad una herramienta clave para adquirir sabiduría, que simplemente significa aprender a evaluar situaciones, personas y decisiones, ¿qué te parece si comenzamos por aprender a definirla?

Formar opinión sobre algo o alguien. Afirmar, previa la comparación de dos o más ideas, las relaciones que existen entre ellas. Considerar a alguien o algo de la manera que se indica.

Como puedes observar, el proceso de **juzgar** es simplemente formarnos una opinión, comparar una o dos ideas (o personas, o resultados, etcétera). Es, en sí, el proceso de **evaluar** información, digerirla y formar una opinión que nos ayudará a tomar decisiones en el futuro. Así desarrollamos el tan llamado sentido común, que desgraciadamente, a día de hoy, podemos decir que está prácticamente muerto (¡RIP, sentido común, démosle un minuto de silencio a esta pérdida de la humanidad!).

Vamos a poner un ejemplo sencillo. Si vas al supermercado y decidimos comprar frutas y verduras, estoy segura de que primero observamos sus colores, las tocamos para determinar su textura y muchas veces hasta las olemos, para asegurar su frescura. En pocas palabras, estamos "juzgando" a la fruta o al vegetal por cómo se ve, se siente y se percibe. Esto nos indicará ¡cómo está por dentro!

No escucho a nadie que diga: "¡Ay, no, pobrecito aguacate, no lo juzgues! Quizá se ve feíto, apachurradito y mal oliente, ¡pero de seguro está maravilloso por dentro! ¿Ni de locos verdad? Lo que percibimos en el exterior, está altamente ligado (nos guste o no) a lo que hay en el interior.

Algunas teorías científicas demuestran la conexión entre la apariencia/factores externos y los procesos internos en los seres humanos:

1. TEORÍA DE LA *inteligencia emocional*:

Sugiere que nuestra capacidad para reconocer y gestionar nuestras propias emociones, así como las de los demás, está íntimamente ligada a nuestra apariencia y comportamiento externo. La expresión facial, el lenguaje corporal y otros aspectos de la presentación personal reflejan y afectan nuestro estado emocional interno.

2. TEORÍA DE LA *percepción de sí mismo*:

Las personas tienden a inferir sus propios estados internos, como actitudes y emociones, observando su propio comportamiento y apariencia externa. Nuestras acciones y presentación personal pueden influir en nuestra autopercepción y autoconocimiento.

3. TEORÍA DE LA *señalización honesta:*

Propone que los rasgos físicos y comportamentales externos actúan como señales honestas de características internas, como la salud, la condición física y la calidad genética. Esto ayuda a guiar la selección sexual y las interacciones sociales.

4. TEORÍA *sociocultural de la imagen corporal:*

Los estándares culturales de belleza y atractivo físico tienen un impacto profundo en la imagen corporal y la autoestima de los individuos. Estos factores externos influyen en los procesos psicológicos internos relacionados con la percepción y la satisfacción corporal.

5. TEORÍA *psicofisiológica del estrés:*

Vincula los factores de estrés externos, como eventos vitales y presiones sociales, con respuestas fisiológicas internas, como cambios hormonales y activación del sistema nervioso. Estos procesos internos afectan la salud mental y física de las personas.

También estadísticas que lo demuestran. Por ejemplo, estudios muestran que el 78% de las personas con baja autoestima la atribuyen a la insatisfacción con su apariencia física (American Psychological Association). Pero además el 90% de las personas puede identificar correctamente las emociones básicas (felicidad, tristeza, enojo) a partir solamente del lenguaje corporal, de acuerdo con los investigadores Paul Ekman y Wallace Friesen.

Por tanto, hay varias cuestiones clave que considerar en este punto. Primeramente, todos, lo queramos o no, estamos diseñados mentalmente para "juzgar", ya que ¡es necesario para nuestra supervivencia! Además es un reflejo automático del ser humano. ¡Ni cómo desconectarlo!

Entonces, si ya sabemos que todos estamos juzgando —no solo a las personas, sino también a nuestro entorno, decisiones, pensamientos y constantemente a nosotros mismos—, la nueva tendencia de no juzgar a los demás, ni querer que ser juzgados, es ¡totalmente una mentira!

Aprender a recibir

Ser juzgados también es necesario para nuestro crecimiento personal. Estoy segura de que todos tenemos esa tía o amiga metiche y juzgona, que siempre anda emitiendo su opinión sin que se la pidas. Y aun cuando puede ser bastante molesto, y te encantaría que no metiera su nariz en lo que no le importa y se encargara de sus propios problemas, la realidad es que la "retroalimentación" constante (¿a poco, no suena mejor esta frase que simplemente quejarte de que tu tía es una chismosa?) es clínicamente necesaria.

Sobre todo, para cuestionar tus propias decisiones y alcanzar una salud mental optima y un desarrollo personal constante. La clave es aprender a recibir, filtrar y procesar la retroalimentación, y es ahí donde hemos perdido la partida en el juego de ganar sabiduría.

Voy a darte un par de ejemplos. En mi vida personal he tenido un sinnúmero de personas como la "tía chismosa", o como la amiga entrometida que siempre te dice sus verdades. Y aunque no en todas las ocasiones el "consejo no pedido" ha sido de ayuda, la realidad es que estar abierta a las opiniones de los demás me ha permitido crear un músculo fuerte de aprender a **recibir**.

Atender esas opiniones, sin desecharlas de inmediato, me ha ensenado a **no reaccionar** inmediatamente de una manera descortés. Y, sobre todo, me ha enseñado a **filtrar** la información, "a tomar lo bueno y desechar lo malo" (1 Tesalonicenses 5:21), siempre buscando el lado bueno de la moneda.

En innumerables ocasiones, esto me ha permitido encontrar, en las toneladas de "estiércol" que algunas personas pensaron lanzarme con sus "consejos y opiniones no pedidos" (y algunas veces hasta malintencionados), enseñanzas que han añadido gran sabiduría a mi vida.

Y es que ¡imagínate la cantidad de "tierra" que se necesita excavar para encontrar oro! O la cantidad de basura que hay que filtrar ¡para encontrar diamantes! Asimismo funciona la búsqueda de sabiduría. No puedes eliminar la cantidad de consejos que te ofrecen, sino aprender a filtrarlos y encontrar la aguja en el pajar.

De todo se aprende

En una ocasión, mi esposo y yo estábamos en casa de unos amigos. A mi marido se le ocurrió criticar la legalización de la marihuana. Una de las personas presentes se tomó 20 minutos para explicarle que estaba equivocado, lo cual en mi opinión era innecesario. A nosotros no nos interesa esa plantita tan polémica.

La persona realizó una disertación apasionada de por qué el consumo de la planta era un avance en la medicina, en la sociedad misma y hasta en la evolución del ser humano. Cuando salimos de la reunión, le pregunté a mi esposo porque había perdido 20 minutos de su vida escuchando al personaje y a sus argumentos sin fundamento.

Yo hubiera terminado la conversación en un minuto con un "muchas gracias, pero no me vas a convencer, quédate con tu opinión y yo con la mía. Así felices todos, y hasta te quedas con más de esas plantitas en el mundo para ti".

Sin embargo, mi marido, en toda su sabiduría, me dijo: "cariño, si no aprendes a escuchar a la gente, aun a los que parecen ser necios, el que se convierte en necio eres tú (¡zaz!). Nunca sabes cuándo alguien va a decir algo que puede cambiarte la vida. Nunca pierdas la oportunidad de escuchar, porque ahí, entre conversaciones sin fundamento, puedes encontrar la respuesta millonaria que estabas buscando, sin importar de quién viene".

Me quedé fría. Aun cuando no me cuadraba mucho esa idea y preferiría ponerle "silenciador, pausa o fast forward" a mucha gente con la que a veces me topo en conversaciones, tuve que reconocer que esa manera de ver la vida era realmente sabia. ¡Y lo he comprobado a lo largo de los años!

Muchas de mis ideas erróneas las he cambiado gracias al consejo, opinión y escudriño de personas que se han tomado el tiempo y han sido suficientemente valientes para desafiar mis opiniones. Claro, los que lo han hecho con amor y delicadeza, me han dado una más grata experiencia; pero, hasta de los que no, he aprendido a cómo ejercitar mi decoro, amor y gentileza.

¡Así que de todo se aprende! ¡Y es así como los seres humanos podemos evolucionar, crecer y mantenernos plenamente vivos y mentalmente sanos!

Diversos psicólogos alrededor del mundo, tales como Jordan B. Peterson, concuerdan con que la retroalimentación entre seres humanos, el proceso de intercambiar ideas y opiniones, al igual que desafiar las opiniones de los demás, es la única manera en la que nuestros cerebros pueden reprogramarse y crear nuevas avenidas cerebrales. Es solo así como podemos ejercitar el gran poder de la plasticidad cerebral, la cual puede ser descrita como la habilidad de nuestros cerebros de mantenerse moldeable.

La plasticidad cerebral se refiere a la capacidad del cerebro para modificar su estructura y función en respuesta a los cambios en el entorno o en la actividad neuronal. Así lo recogen autores como Kolb Bryan y Ian Whishaw, para quienes la experiencia es un importante estimulante de la plasticidad cerebral, en especies animales tan diversas como los insectos y los humanos.

Aislamiento y salud mental

En resumen, gracias a la plasticidad cerebral, el cerebro reasigna funciones de unas áreas a otras, especialmente cuando se produce daño o disfunción en ciertas regiones. Asimismo, puede formar nuevas sinapsis (conexiones entre neuronas) y fortalecer o debilitar las existentes, en respuesta a cambios en la actividad neuronal y a las experiencias.

De otra manera,

Nuestros cerebros se volverían rígidos, y es ahí donde nos volvemos "necios" al cerrarnos a seguir aprendiendo de los demás.

(PROVERBIOS 18:2).

Está comprobado que aislarse de las interacciones interpersonales, incluyendo a la retroalimentación de ideas, genera un sinfín de problemas de salud mental como depresión, demencia y hasta Alzheimer. Todo esto lo pudimos ver durante la pandemia. El encierro prolongado en las cuarentenas y la falta de interacción interpersonal generaron un sinnúmero de padecimientos que hasta hoy día seguimos descubriendo y enfrentando. El mayor problema fue que muchas personas jamás salieron del sótano al terminar la pandemia.

Decidieron que cortar con las interacciones humanas, o reemplazarlas con las redes sociales (que de sociales ¡no tienen nada!), era más seguro, menos invasivo y simplemente ¡más cómodo! Pero la realidad es que los seres humanos fuimos creados para crecer en comunidad. Solo a través de "juzgar y ser juzgados" podemos evolucionar como sociedad.

Un informe científico de la Organización Mundial de la Salud (OMS) llegó a la conclusión de que la ansiedad y la depresión aumentaron drásticamente un 25% en todo el mundo, solo durante el primer año de la pandemia de COVID-19. De hecho, el 90% de los países encuestados por la OMS tuvo que incluir la atención a la salud mental y el apoyo psicosocial en sus planes de respuesta a la COVID-19.

Existe un sinnúmero de frases como "no juzgues a un libro por su portada" o "como te ven, te tratan", a las que se le han adjudicado connotaciones negativas. Por tanto, nos hacen sentir que "juzgar" es algo malo. Sin embargo, ¿cómo podríamos evaluar el mundo a nuestro alrededor? ¿Cómo podrías saber si un limón es un limón, si no fuera por la habilidad de verlo, olerlo, tocarlo y compararlo con una manzana?

Solo así podemos estar seguros de que ¡es en realidad un limón! Y se nos ha olvidado enseñar a las nuevas generaciones cómo aprender a "evaluar, juzgar o emitir un juicio" sabiamente. ¡No hemos equipado a las nuevas generaciones con sentido común!

El problema hoy día es que hemos olvidado cómo escuchar a nuestros instintos, hemos silenciado nuestro sentido común y permitido que cualquier idea pase por el colador de la mente, sin detenernos a desafiarla. Todo, repito, en nombre de crear un mundo más inclusivo y tolerante. En realidad, hemos apagado el radar interno que nos permite ver claramente la verdad de nuestro entorno, pero también la verdad de nosotros mismos.

Lo interesante es que, aun cuando nos consideramos más tolerantes hacia las ideologías de los demás, a su vez nos hemos convertido en una sociedad que toma cualquier tipo de comentario, contrario a nuestras propias ideas, como un ataque directo a la identidad. En pocas palabras, "te dejo ser feliz con tu verdad, pero a mi déjame ser feliz con la mía".

Les hemos enseñado a nuestros hijos que el mundo debe adaptarse a ellos, no ellos a la sociedad, que todos deben amarte como eres. Incluso cuando ese "tú quién eres" no es el tú en el que podrías convertirte. Y es ahí donde jamás logramos conocer la mejor versión de nosotros mismos, si seguimos enfrascados en que nadie tiene derecho a opinar, si nos conformamos con no decir lo que pensamos, para simplemente "ser más inclusivos". O peor aún, por miedo a que piensen que no lo somos. Eso tampoco ayuda a que las personas a nuestro alrededor crezcan.

Buscar el consejo en las personas correctas

La clave aquí es aprender, no callar, sino comunicarnos más efectivamente. Incluso, esa habilidad ha quedado cada día más obsoleta, ya que las redes sociales han ido eliminando nuestra capacidad de plasmar ideas. Ahora hemos retrocedido en nuestra evolución, hemos olvidado el lenguaje y ¡regresado a los pictogramas! Si no me crees, revisa tu dispositivo móvil y dime cuántas palabras usas en comparación con los emojis que envías.

Entonces, si ya establecimos que necesitamos el consejo de los demás, ahora la clave es **¡buscar el consejo en las personas correctas!** (Proverbios 13:20). Esto es lo justamente contrario de lo que el mundo actual quiere convencernos. Hay quien cree que podemos ir por la vida solos y tomar todas las decisiones por nuestra cuenta. Una frase muy famosa de la Biblia dice que **"la victoria se gana con muchos consejeros"** (Proverbios 24:6). No dice que confíes en tu propio entendimiento (de hecho, nos advierte que no hagamos eso - Proverbios 3:5).

Está bastante claro que necesitamos la opinión de otras personas. Es imperativo buscar consejo al tomar decisiones. "No podemos resolver nuestros problemas desde el mismo nivel de pensamiento que los creó". Esta frase se atribuye al gran Albert Einstein. Y aunque no hay evidencias de que la expresara exactamente así, podría haberla dicho perfectamente, dada su creativa obra. Así que necesitamos de otras personas para ayudarnos a navegar nuestro propio pensamiento. La retroalimentación continua es imperativa. Intercambiar ideas regularmente y escuchar diversas opiniones ¡es sano!

Ahora, podrías estar listo para cerrar este libro. Tu ser interior podría estar luchando con esta idea, ya que va contra todo lo que el mundo te ha hecho creer. Probablemente estás pensando que te ha ido bastante bien escuchando solo tu propia voz; incluso, podrías estar tratando de convencerte de que los consejos que has recibido en el pasado empeoraron la situación (y sabemos lo buenos que somos para convencernos de cualquier cosa que simplemente no nos cuadre).

Sin embargo, la realidad es que, aun cuando no te das cuenta, siempre estás buscando consejo y cómo justificar tus decisiones y acciones. ¡En realidad estás tan sediento de dirección, seguridad y orientación que la estás obteniendo de cualquier fuente que puedas encontrar. O debería decir de todas las fuentes que te bombardean diariamente.

Desgraciadamente, tendemos a elegir aquellas que nos hacen "sentir bien", aunque no aporten nada al crecimiento. Preferimos escuchar las más populares, las que se han hecho "virales" o "trendy". Adoptamos cualquier ideología de moda, porque, si la sigues, incluso si estás equivocado, el resto del mundo también la está siguiendo. Así que, pues, tal como borregos al matadero, vamos por la vida errados; pero, como todos van para el mismo lado, nadie lo va a notar.

El cerebro, un maestro de la improvisación

Todo esto me lleva a una pregunta poderosa: si ya te diste cuenta de que, aún sin pensarlo, estás buscando orientación y dirección todo el tiempo, ¿de dónde la estás obteniendo? Y aquí viene tu respuesta: ¡de los medios de comunicación! ¡Uf! Sí, ningún ser humano puede hacer la vida solo, en algún momento necesitas consejo, guía y un ejemplo a imitar o seguir como base.

Así es como funciona tu cerebro, gracias a las neuronas "espejo". Estas pequeñas amigas están contigo desde el nacimiento, ya que los bebés vienen al mundo sin la capacidad de comunicarse por medio del lenguaje. Así que se encargan de observar detalladamente el entorno e "imitarlo". Lo interesante es que estas neuronas jamás se retiran.

De adultos tendemos a absorber nuestros gestos, reacciones, e incluso nuestras ideologías, mayormente del entorno, algunas veces sin darnos cuenta. Por ello, las parejas después de muchos años de casados empiezan a parecerse aún más, o los hijos adoptivos comienzan a tener un gran parecido con sus padres adoptivos, pese a no compartir ADN.

Asimismo, si te encuentras en una situación que no has experimentado antes o quieres tomar una decisión inédita y no tienes suficiente información almacenada, el cerebro buscará en el entorno cualquier fuente que pueda imitar o usar de guía.

El cerebro siempre intentará completar el rompecabezas y llenar los vacíos con información ya almacenada. Y si no encuentra nada al respecto, buscará desesperadamente las fuentes más cercanas para tomar una decisión. Porque necesita dar sentido a las cosas, y por eso es un maestro de la improvisación.

Déjame mostrarte un ejemplo práctico. Por un minuto intenta leer el siguiente párrafo sin detenerte a analizarlo:

C13R70 D14 D3 V3R4N0 3S74B4 3N L4 PL4Y4 0853RV4NDO DO5 CH1C45 8R1NC4NDO 3N 14 4R3N4, 357484N 7R484J4NDO MUCHO CON57RUY3NDO UN C45T1LLO D3 4R3N4 CON 7ORR35, P454D1ZO5 OCUL7O5 Y PU3NT35.

¿Te das cuenta? Así de increíble es nuestro cerebro. En cuestión de segundos puede dar una interpretación, pero esto también es peligroso. La necesidad de saber y dar sentido a las cosas, nos hace buscar, muchas veces, en los lugares equivocados.

Por eso, cuando descubres un bulto extraño en tu espalda o una nueva arruga en el rostro, o cuando tus hijos desarrollan un "síntoma" desconocido, tu primer instinto es jugar al doctor y pedir al Sr. Google o a la Srta. Wikipedia que te inunden de información para actuar.

Si vas a una primera cita, llamarás a un montón de amigos o buscarás en Google "10 mejores atuendos para una primera vez" o "las 5 conversaciones que debes evitar en una cita". ¡Ves! Te conozco, tienes hambre de dirección, de sentido, pero el problema es que el gran hermano (o sea, los medios de comunicación) nos tiene comiendo información de la palma de su mano, alimentándonos con los "hechos" que más le convienen.

Si no me crees, haz una pequeña investigación sobre el místico "algoritmo", esa mente mágica que se asegura de que todos seamos bombardeados con cosas que "queremos o necesitamos". Así es como, en cuanto estabas pensando en ponerte en mejor forma, de repente obtienes un millón de anuncios sobre membresías de gimnasio y programas de ejercicio, dietas y suplementos. Y no es que ese "algoritmo" sea tan inteligente que se adelante a tus necesidades. Él se encarga de convencerte de cuáles son tus necesidades.

Ahora podrías decir: "ese no soy yo", "yo no busco todo lo que necesito saber en Google". Bueno, tal vez no, pero, ¿qué hay de las personas que sigues en las redes sociales, los llamados "influencers", que inundan tu historial de búsqueda en las redes sociales. ¿Sabes por qué se les llama así? Porque, aunque pienses que tienes el control de tu destino, ellos influyen en la mayoría de las áreas de tu vida: los productos que compras, los lugares que visitas, los hashtags que usas, las expectativas de tu cuerpo, tus metas de relación y, sobre todo, en ¡tus prioridades!

Todo basado en lo que te muestran, lo cual es bastante triste, ya que muchos influencers solo publican una pequeña fracción de sus vidas. Solo las partes que se ven bien. Muchas veces, la mayoría es simplemente un teatro, ellos son los nuevos ilusionistas, el David Copperfield de nuestra era. Quieren mostrarte un mundo lleno de magia, cuando son solo trucos de escenario.

"No soy una seguidora, ni necesito a un influencer"

La realidad es que muchas de estas personas nunca han logrado nada importante, fuera de su perfil o sus historias. La mayoría ni siquiera sigue sus propios consejos, y muchos solo lo hacen porque anhelan atención o porque pueden monetizar sus publicaciones en *likes* y convertirlo todo en dinero fácil. La realidad es que ninguno se preocupa por ti. ¡No eres más que otro *like*, otro suscriptor en su camino a los millones, otro "seguidor" más!

¿Ves lo que hicieron allí de nuevo? ¿Te das cuenta cómo eligen esos términos con un propósito? ¡Esos adjetivos tienen poder! No quiero ser llamado un "seguidor", no necesito un "influencer" que me diga cómo manejar mi dinero, criar a mis hijos, amar a mi pareja o encontrar el propósito, cuando ellos mismos no han alcanzado nada en el mundo real.

Ellos no han pagado el precio, no tienen la autoridad moral para decirme que escalaron la misma montaña. Y aun así, quieren explicarme cómo llegar a la cima.

Es tan ridículo como querer dar medallas de honor a soldados que nunca fueron a la guerra. ¡Ah, pero publicaron cosas geniales sobre ser soldado, solo porque participaron unas cuantas semanas en un entrenamiento! Bastante ridículo, ¿verdad? Y quizás puedas argumentar que hay algunos influencers por ahí con buenos récords de éxito en sus áreas, personas que enfrentaron enfermedades, divorcios, crisis que les permitieron vencer la adversidad y ahora dan buenos consejos.

Pues, déjame decirte que, incluso con eso, unas cuantas cicatrices no te hacen un héroe de guerra. Aun así, tienen que hacer su tarea y prepararse, sobre todo si quieren ser responsables ante las miles de personas que los siguen.

Una epidemia de coaches

Últimamente, he sido invitada a un sinnúmero de eventos públicos como ponente. Entre los paneles del grupo de invitados especiales me he encontrado con una cantidad aterradora de gente que se hace llamar "coach de vida", "coach de éxito", "coach de trauma" y hasta "coach del amor". Y cuando les pregunto qué estudiaron o qué títulos poseen, la gran mayoría dice que su experiencia de vida los ha preparado, o que tomaron un curso de dos semanas en línea, y ahí descubrieron que nacieron para eso.

Lo más alarmante es la gran cantidad de personas que los contratan, sin investigar en manos de quién están poniendo su futuro. Por ejemplo, la coach de amor que menciono avala su aptitud para dar consejos porque tuvo cinco maridos. Ahora que está divorciada y ha aprendido (según ella) a sanar todas las heridas, puede decirte cómo encontrar el amor verdadero (cabe mencionar que ¡sigue soltera!).

Y allí estás tú, sin querer escuchar los consejos de amigos y familiares, las personas que mejor se preocupan por ti; pero felizmente pagarás $99 dólares por un curso de fin de semana con un coach de vida, para que te diga cómo llegar a tu destino. No te detienes a tomar el tiempo de evaluar si la persona cuenta con algún tipo de educación formal, experiencia y resultados comprobados, o si es solo producto de una cuenta de Instagram "cool", con unos cuantos miles de "seguidores" y que ha pagado por la palomita azul por un lado de su nombre.

Eso es todo lo que la mayoría hoy día necesita, para validar que una persona es de fiar y estar dispuestos a poner nuestro futuro en sus manos. Sí, suena cínico, pero es el tipo de mundo en el que vivimos ahora. Queremos hacer la vida solos, sin embargo, anhelamos la conexión hasta el punto de que nos unimos a cualquier persona o cosa que nos haga sentir mejor acerca de nosotros mismos.

Por supuesto que no me estoy inventando lo anterior. Existen investigaciones serias que sugieren que las personas siempre tienden a buscar conexión y dirección en sus vidas:

En cuanto a la búsqueda de sentido, un estudio de Pew Research Center (2018), con 3.000 adultos, encontró que el 90% consideraba importante tener un propósito y significado en la vida. Todos lo queremos. Y echamos mano a cualquier cosa con tal de obtenerlo. Una encuesta a 2.000 adultos (Barna Group, 2017) también mostró que el 84% siente que su vida carece de propósito y que les gustaría encontrar más significado. Una cantidad enorme de gente sin propósito es pasto para influencers y coach improvisados.

Hoy compramos libros que prometen cinco pasos para una vida feliz, diez claves para un matrimonio exitoso, tres reglas de oro sobre dinero y éxito, sin detenernos a mirar alrededor y encontrar personas que se preocupan por nosotros, que estén dispuestas a darnos un buen consejo. Personas **que ya posean la vida que queremos,** o al menos han conquistado las batallas a las que nos estamos enfrentando en el momento.

Ahora, volvamos al punto principal del capítulo. Si realmente no puedo hacer la vida solo, si necesito los consejos de otras personas, entonces, ¿cómo puedo asegurarme de encontrar las fuentes correctas de sabiduría?

Vamos a retroceder unos cuantos pasos y analicemos la definición académica de la palabra sabiduría:

La calidad de tener experiencia, conocimiento y buen juicio; la calidad de ser sabio. La solidez de una acción o decisión con respecto a la aplicación de experiencia, conocimiento y buen juicio.

¡Aquí lo tienes! Como puedes ver, la sabiduría es una palabra bastante cargada, es una combinación de **acciones** que traen **experiencias** que luego te equipan con un **conocimiento** que te lleva a un **buen juicio**.

En otras palabras, las personas que son lo suficientemente sabias como para darte consejos, en cualquier tema, deben **predicar con el ejemplo**, tener **experiencia** y, lo más importante, **mostrar resultados** en el área de su vida en la que afirman tener razón. Me refiero a experiencia **práctica**.

Si quieren darte consejos sobre niños, deben ser padres ellos mismos; si es sobre emprendimiento, deben tener una o múltiples empresas exitosas, fuera de su "negocio de coaching". No existe lógica en pedir consejo a alguien sin los resultados que estás buscando. Es como solicitar ayuda a un entrenador personal que no está en forma. Puede que domine toda la teoría, pero la práctica, la experiencia y los resultados son los que determinan la confianza.

Quizás podrás decirme que los títulos rimbombantes, los certificados y los diplomas no determinan el nivel de sabiduría de una persona. Además, que ya no es necesario pasar décadas de vida en la escuela para convertirte en experto en alguna materia. No me malinterpretes. Estoy de acuerdo en que el sistema educativo está desactualizado en muchos países, pero ese es un tema para otro libro.

El punto al que quiero llegar es que **¡ir a la escuela es importante!**, pues moldea a los seres humanos en múltiples áreas de la vida, no solo desde la perspectiva académica. La educación formal nos proporciona habilidades de pensamiento crítico y habilidades, resiliencia, disciplina, formación de hábitos y aplicación formal de la información que aprendemos.

Muchas personas asisten a un curso de dos días, a un programa de seis meses, o peor aún, a la "universidad virtual" de Google, para obtener conocimientos en áreas críticas para la humanidad como la psicología, la nutrición y mi favorito, como mencionaba, el "coaching de vida". Ah, ¡cómo me choca ese título! ¿Cómo alguien puede ser un coach de vida si está apenas aprendiendo a vivirla?

No acudas al Dr. Google

Definitivamente, puedes entrenar a las personas en áreas como el matrimonio, si tienes una pareja exitosa que ha durado al menos un par de décadas. Puedes ser un coach de negocios si has creado y manejado con éxito una empresa; pero, ¿un coach de vida que ni siquiera se graduó de psicología, sino de un curso de fin de semana? Es tan absurdo como poner tu salud en manos de un médico que obtuvo toda su educación en YouTube. ¿Me vas a decir que estarías cómodo si te operara? ¡Yo no, eso te lo aseguro!

Ahora podrías estar pensando: "De acuerdo, entiendo todos estos puntos. Necesito del consejo de los demás y no debería tomarlos de las redes sociales, entendido. También debería asegurarme de que las personas a quienes acudo por consejos, tengan una combinación de formación y experiencia comprobada, con resultados reales en la vida. Pero la siguiente pregunta es: ¿cómo elijo, de quién o de dónde obtengo dirección? Y cuando lo hago, ¿cómo la proceso, filtro y aplico? Y aún más importante, ¿cómo y cuándo puedo servir a otros compartiendo mis propias experiencias y brindándoles consejos?".

¡Son preguntas fantásticas! A lo largo de cada capítulo, una vez que desenmascaremos cada mentira, te daré formas prácticas de encontrar la verdad. Así que, en este tema específico de la sabiduría, aquí están mis principales consejos:

Identificar los pilares de tu vida:

Estas son las áreas más importantes en las que deseas adquirir sabiduría. Son los pilares de tu existencia, las áreas que sostienen todo lo demás. Si esas cuatro o cinco son fuertes podrán sostener todos los sueños. Una manera práctica de identificarlas es **tomando inventario de las actividades que haces en un periodo de tiempo determinado (una semana, 30 días, etcétera).**

Hay un dicho que dice: "si vieras tu vida bajo el lente de una película muda, ¿qué diría tu película?". Esto quiere decir que si le echaras un vistazo a tus días, te darías cuenta de cuáles son las actividades más prioritarias para ti, y de ahí determinarías tus pilares.

Ahora, también al echarle una mirada a tu agenda semanal, podrás ver si hay algunas áreas que consideras importantes, pero que has descuidado, o en las cuales no estás tomando las mejores decisiones. Así que tómate el tiempo de seleccionar tus 4-5 pilares de vida principales y ordénalos de mayor a menor importancia. Por ejemplo, los míos son:

Paso de Acción 2

Listado de objetivos y resultados:

Una vez que identifiques las áreas más importantes para ti, haz un listado de cuáles son los valores, objetivos y resultados más importantes que deseas lograr/obtener en cada categoría. Por ejemplo:

FAMILIA:

Objetivo 1: Pasar más tiempo de calidad con mis hijos **– Resultados deseados:** Crear más momentos memorables como familia, tener mejor comunicación con mis hijos.

Objetivo 2: Reconectarme con mi pareja **– Resultados deseados:** Tener un matrimonio divertido, que nos sintamos aún más enamorados, que pasemos tiempo juntos con nuestros hijos y evitemos la monotonía.

PILAR DE LA FAMILIA		
Objetivo	*Resultados*	*Círculo de influencia*
1. Pasar más tiempo de calidad con mis hijos	Crear más momentos memorables como familia.	**Actual:**
	Tener mejor comunicación con mis hijos.	**Deseado:**

Objetivo	Resultados	Círculo de influencia
2. Reconectarme con mi pareja	Tener un matrimonio divertido, que nos sintamos aún más enamorados, que pasemos tiempo juntos con nuestros hijos y evitemos la monotonía.	**Actual:** **Deseado:**

Plan de acción

Paso de Acción 3

Haz limpieza de tu entorno:

Imagina que tienes una casa bellísima con miles de posesiones valiosas. ¿Dejarías la puerta abierta para que cualquier persona pudiera entrar? Claro que no, ¿verdad? Asimismo es tu mente y tu corazón. No puedes ir por la vida descuidando a quién das acceso, o qué ideas e ideologías tienen pase directo, simplemente porque no estás atento.

Analicemos con quién pasamos la mayor parte de nuestro tiempo. Hagamos un inventario de las personas que se han convertido en la voz más fuerte en nuestro oído. No tienen que ser simplemente con las que pasamos tiempo físicamente, también clasifican los "influencers" que seguimos a diario, el noticiero, el comentarista de televisión o el youtuber y podcaster que escuchamos.

Todas estas "personas" están impactando e influyendo en nuestras decisiones, emociones y en la manera en que vemos el mundo. Como dice un dicho, el mundo no es como lo vemos, sino como "nos vemos". El mundo se convierte en un reflejo de lo que tenemos dentro, es el espejo que te refleja a ti mismo. Lo que dejas entrar en tu mente y en tu corazón, tiene gran influencia en cómo das forma al mundo exterior.

Debemos empezar a ser intencionales con el tiempo que pasamos alrededor de ciertas personas, que pudieran estar influenciando nuestras vidas. Comienza por hacer una lista de las personas que escuchas con más frecuencia y **califícalas del 1 al 10,** sobre la base de tus **pilares**. Por ejemplo, si las que más escuchas son amigos desempleados, o que odian su trabajo, obtendrían un **cero** si los posicionas en tu lista de prioridades bajo el capítulo de finanzas. Tomar consejos de ellos, en esa área, no será lo más sabio.

Si una de las metas es conseguir una mejor relación con tu pareja, el hábito de salir de paseo con tu grupo de amigas divorciadas o solteras, ¡quizá no sea una buena idea! Tienes que rodearte de personas que cuenten con la experiencia, educación y los resultados que deseas tener o mejorar, en las áreas más importantes de la vida.

Esto también aplica para las personas no físicas. Por ejemplo, si estás sufriendo en el área de "salud mental y confianza en ti mismo", pero sigues continuamente a modelos con cuerpos de estándares inalcanzables; si las primeras diez cuentas de redes que consultas son de cirujanos plásticos, celebridades y modelos, la visión irreal de tu propio cuerpo no aportará nada.

O si, por otro lado, tus podcasters o youtubers favoritos

solo lanzan palabrotas y se la pasan contando noticias alarmantes o quejándose del mundo, es buen momento para eliminarlos, bloquearlos, y de limitar tu tiempo en las redes. Si eso no es posible, al menos sé intencional con las cuentas seguidas, asegurándote de que aporten a la sabiduría y el bienestar.

Sé que esto suena exagerado, y quizás pienses que tienes suficiente madurez mental para no ser contaminado por las opiniones de los demás; pero, si eres padre o madre, entenderás que siempre decimos a nuestros hijos que cuiden sus amistades, que no pasen tiempo con niños problemáticos o con personas de malos hábitos.

Aquí la pregunta es, ¿y tú? ¿Cómo vas en esa área? Este es un excelente momento tomar las riendas de la vida, establecer prioridades y un círculo de influencia que ayude a tomar mejores decisiones y a ser más sabios en esta aventura llamada vida.

Paso de Acción 4

Construye tu círculo de influencia:

Según el famoso escritor y pensador Jim Rohn, "somos el promedio de las cinco personas con las que pasas la mayor parte de tu tiempo". Así que el siguiente paso es buscar gente a tu alrededor con las características necesarias para convertirse en tu círculo de influencia. No tienen que ser muchas personas, quizás puedas encontrar una o dos con éxito en dos o tres áreas importantes para ti. Incluso, si una sola persona las tiene todas, pues ¡bingo!

Esa persona podrá ayudarte a crecer en todas las áreas y te ayudará a aprender a balancearlas. Alguien con un físico espectacular se pasa cuatro horas en el gimnasio, cocina todo orgánico y hasta cultiva sus propios vegetales. Puede ser un gran ejemplo en el área de salud física, pero si lo ha logrado a costa de su familia o éxito profesional, quizá no sea la persona que necesites en tu círculo de influencia.

Sus prioridades no cuentan con el balance que necesitas para conseguir el éxito en todos los pilares. Esto no quiere decir que debas encontrar a alguien que sea bueno en todo, pero al menos que no tenga descuidadas otras partes importantes.

Una vez que las hallemos, y esto puede ser a través de amigos, familiares o nuevas conexiones a través de eventos, grupos o incluso en las mismas redes sociales, estamos solo a un par de clics o a una llamada de distancia de estar en contacto con personas increíbles que pueden cambiar el rumbo de tu vida.

Como mencioné anteriormente, mucha gente en la actualidad contrata a entrenadores en diferentes disciplinas cuando quiere llevar sus resultados a un nuevo nivel. Lo único es que debemos asegurarnos de que sean personas que no solo "tiren buen verbo", sino que los avale una combinación de experiencia y resultados.

Ahora, en el proceso de construir tu nuevo círculo de influencia, tómate el tiempo para escuchar abiertamente: Hay un viejo dicho que dice así: "Una persona inteligente es aquella que aprende por experiencia, una persona sabia es aquella que aprende de la experiencia de otros". A lo largo de tu viaje, te encontrarás con personas con las que podrías no estar de acuerdo, cuyas opiniones pueden parecer fuera de lugar, pero, ¡tómate el tiempo para escucharlas!

No estoy diciendo que debas soportar a personas negativas, groseras o molestas todo el tiempo, sino que debes darles la oportunidad de expresar sus consejos. Especialmente, cuando no estás seguro de qué decisión tomar.

He aprendido muchas de mis mejores lecciones de vida no de personas individuales, sino de la combinación de múltiples conversaciones con varias. Esto me ha permitido ver situaciones desde variadas perspectivas, identificar puntos ciegos que podría no haber considerado antes, estrategias que otras personas han probado —y con las que han tenido éxito o han fallado. Por lo tanto, me he ahorrado tiempo al intentarlas.

Paso de Acción 5

Construye tu legado:

Elige una área de tu vida en la que puedas ¡compartir tu sabiduría con los demás! No solo tenemos que ser intencionales al elegir nuestras fuentes de sabiduría, sino también es importante compartirlas, para que sea preservada para las futuras generaciones, ¡sobre todo si tienes hijos! Es importante que puedas seguir compartiendo tu experiencia, aun cuando ya no estés. Este es el único legado de valor que podemos dejarle al mundo.

Identificar el área que puedes compartir es sencillo. Debe estar directamente ligada con tu propósito de vida, así que ve al capítulo de propósito y ahí encontrarás herramientas prácticas para encontrarlo.

Ahora, ¿cómo puedes compartir tu sabiduría y experiencia? Primero, sé valiente para compartir tu opinión. No hay nada peor que ver a una persona seguir un camino incorrecto y no decirle nada, por miedo a que se ofenda. Sinceramente, si tú y yo fuéramos amigos, me vieras que estoy a punto de caminar al precipicio y no me detuvieras por no querer "herir mis sentimientos", ¡no creo que nadie pudiera clasificarte como un buen amigo!

Mi círculo de influencia —tanto para dar como para recibir sabiduría— es realmente pequeño. Soy bastante cuidadosa en cuanto a las personas que a las que dejo entrar. Estas tienen que aportar a mi vida y, a la vez, deben estar dispuestas a dejar que yo aporte a la suya. O sea, en pocas palabras, deben estar dispuestos a que meta mi cuchara, y de vez en cuando les dé una sacudida, cuando sepa que no están tomando las decisiones correctas.

Esto solo lo hago con las áreas donde puedo aportarles algo. Por ejemplo, si me preguntan sobre jardinería, mantener mi boquita cerrada hará aún más que asegurar que no entren moscas: sus plantas sobrevivirán, ¡porque a mí se me mueren hasta las de plástico!

Si realmente te importan tus amigos, pareja o compañeros de trabajo, comparte tus experiencias y opiniones. La verdad es que, personalmente, no me quedo con nada. Cuando voy por la calle y veo algo bien hecho, lo digo. Y si veo algo que puede mejorar, también.

Por eso las personas de mayor edad son tan sinceras (y a veces hasta metiches). Saben que no hay tiempo que perder y no se quieren quedar sin compartir su sabiduría. Al final de cuentas, si el consejo no es bien recibido, el problema será de la otra persona. Tú te quedas con el placer de compartir.

Hay un proverbio chino que dice que, para ser inmortal y realmente dejar un legado, debes escribir un libro, tener un hijo y plantar un árbol. Asimismo pienso yo: busca maneras inmortales de compartir tu sabiduría, haz voluntariado, conviértete en mentor de alguien, deja tu granito de arena... Para mí, por eso, era tan importante escribir este libro, para dejar un pedacito de mí, incluso cuando ya me haya ido. Así que pregúntate: ¿cuál es tu legado?

Paso de Acción 6

Ejercita tu fe:

Finalmente, y quizás la más importante. No hay mayor sabiduría que la que guardas en tu espíritu. Si quieres saber más de esa partecita de ti que lo sabe todo, lo conoce todo y lo entiende todo, llamada "el alma", te recomiendo que vayas al capítulo "La mentira acerca de la fe".

A efectos de este capítulo, quiero que sepas que la mayor parte de la sabiduría emana del alma, de lo que la humanidad conoce como el corazón (Proverbios 4:23). Así que, para cuidarlo, debemos ejercitar nuestra fe. Hay respuestas a miles de preguntas que jamás entenderemos.

Por más que la mente esté llena de conocimiento, este no es sinónimo de sabiduría. Entonces, si quieres adquirir discernimiento y convertirte en una persona sabia, busca tu fe y ejercítala. Te dará ese "sexto sentido", ese colador o compás integrado que te ayudará a guiar tu vida.

En resumen, aquí te dejo los puntos clave del capítulo, una vez que hemos desenmascarado las mentiras del mundo moderno. Ahora recapitulemos **las verdades acerca de la sabiduría:**

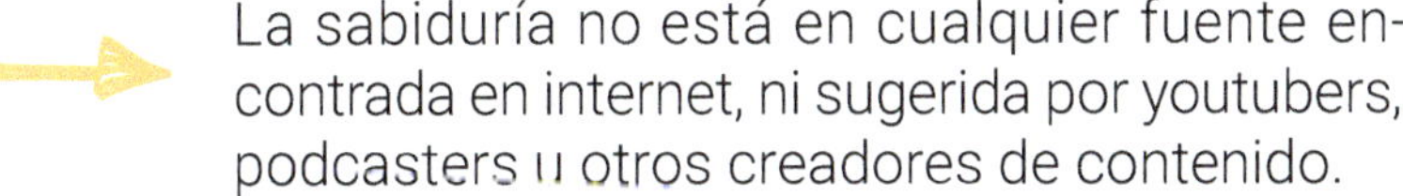

La sabiduría no está en cualquier fuente encontrada en internet, ni sugerida por youtubers, podcasters u otros creadores de contenido.

El cerebro funciona como una base de datos. Si lo llenamos de información correcta, el proceso de decisión será más efectivo; pero tus acciones y reacciones se volverán erradas si entra cualquier tipo de información, sin filtrar y sin analizarla.

La supervivencia humana requiere que nos volvamos expertos en “juzgar”. Solo a través de “juzgar y ser juzgados” podemos evolucionar como sociedad.

Nunca sabes cuándo alguien dirá algo que pueda cambiarte la vida. No pierdas la oportunidad de escuchar a los demás.

Necesitamos el consejo de otras personas. La retroalimentación continua es imperativa. Intercambiar ideas regularmente y escuchar diversas opiniones es sano.

Las personas suficientemente sabias que dan consejos deben predicar con el ejemplo, tener experiencia práctica y mostrar resultados en el área de su vida en la que afirman tener razón.

Ir a la escuela sigue siendo importante. La educación formal nos proporciona habilidades de pensamiento crítico, resiliencia, disciplina y formación de hábitos.

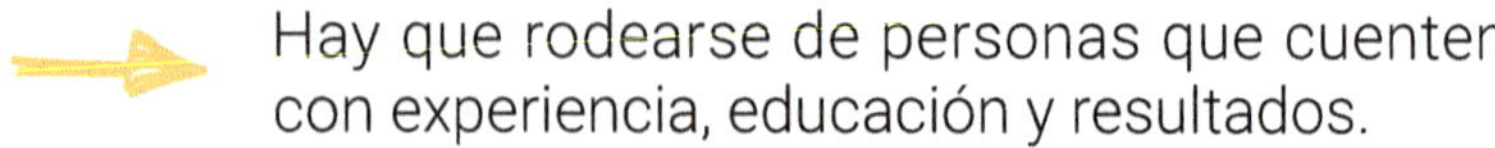

Hay que rodearse de personas que cuenten con experiencia, educación y resultados.

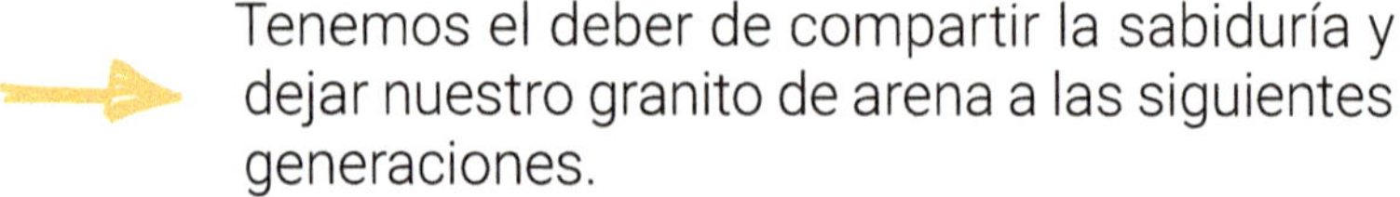

Tenemos el deber de compartir la sabiduría y dejar nuestro granito de arena a las siguientes generaciones.

Capítulo #03

LA MENTIRA ACERCA DE TU PROPÓSITO

LA MENTIRA ACERCA DE TU PRO-PÓSITO

La verdadera tragedia de la vida no es la muerte, son todos esos sueños que dejamos morir dentro de nosotros mientras estamos vivos

- NORMAN COUSINS.

En junio de 2019, más de cien conductores quedaron atrapados en un campo desolado, mientras seguían las direcciones de Google Maps después de un embotellamiento de tráfico en Colorado. ¡La historia llegó hasta las noticias de CNN! Por cómica que parezca esta historia, es el ejemplo perfecto de lo que está ocurriendo actualmente en nuestra sociedad.

La gente sigue a la multitud, sin detenerse a pensar a dónde realmente van a llegar. Van por la vida en piloto automático, ignorando todas las señales de retorno, buscando la siguiente "gran idea", inspirados por influencers, instagramers, tiktokers o youtubers (¡nota cómo usamos estos términos como si fueran profesiones reales, ¡uf!).

Hemos apagado nuestro sentido natural de dirección, olvidando que **somos nosotros** quienes debemos ir al volante de nuestras vidas. ¡Parece que simplemente nos subimos al auto de la vida, nos abrochamos el cinturón y decidimos seguir el GPS, sin siquiera saber cuál es el destino final!

Hoy día, todos parecen estar en la búsqueda de su **destino**. Lo triste es que no puedes encontrar el mejor camino sin saber a dónde vas. Vemos a más y más personas sintiéndose ansiosas, deprimidas y **perdidas**; están seguras de que fueron hechas para más, pero ya no saben cómo se ve ese "más". Pasan sus días queriéndolo todo, probándolo todo, cuestionándolo todo y, al mismo tiempo, viven **sin estar dispuestas a comprometerse con nada:** trabajos, matrimonios, hijos, carreras, ¡ni siquiera a un plan telefónico!

Todo por miedo a perder su "propósito", todo por querer viajar ligero y que nada les pese. Piensan que es así como llegarán a su destino más rápido, pero al final del día, incluso cuando intentan un sinfín de caminos, su GPS interno sigue recalculando hasta que se les acaba el tiempo.

Lo curioso es que la gente **no necesita un GPS**. Todos nacimos con el regalo de una "brújula interna de vida" increíblemente precisa, una que lo sabe todo, lo siente todo, te lo dice todo y nunca falla en llevarte a tu **destino**. Esa brújula se llama **tu alma, tu espíritu**. Pero, en el mundo moderno, gobernado por la tecnología y un constante flujo de "información", se ha vuelto muy difícil escuchar nuestra verdadera voz interior. Hay tanto ruido en el mundo que lo hemos convertido en una sinfonía diaria que usamos para **silenciar y entumecer nuestras almas.**

Donde yace el verdadero yo

Hay una historia griega antigua sobre el comienzo del mundo, donde cada ser humano era una vez un "dios". Tenían talentos especiales que los hacían poderosos. Algunos eran los dioses del arte, la ciencia, otros podían controlar las fuerzas de la naturaleza, los dioses del trueno, la belleza, la guerra. Pero, un día, el verdadero Dios, el que nos creó a todos, notó que los humanos se habían vuelto egoístas. En su divinidad, se habían vuelto egocéntricos, autosuficientes. Su **ego** les había hecho olvidar quién era su verdadero Dios, y comenzaron a abusar de sus poderes.

Dios convocó una asamblea con sus ángeles y les dijo que había decidido quitarles a las personas su divinidad, sus talentos únicos, ¡su poder! Sin embargo, como esto ya era parte de ellos, Dios sabía que se sentirían atraídos a encontrarlo, iban a sentir que algo les faltaba.

Así que preguntó a los ángeles **cuál sería el mejor lugar para esconderlo**. Un ángel dijo: "Señor, escondámoslo en la montaña más alta, nunca lo encontrarán allí", pero Dios respondió: "Mi creación no conoce límites, estarán dispuestos a ir de montaña en montaña hasta que eventualmente lo encuentren". Otro ángel dijo: "Señor, escondámoslo en el océano más profundo". Dios respondió: "Mi creación está dispuesta a arriesgar su propia vida, a sumergirse en las profundidades de lo desconocido, incluso si se ahogan, solo para encontrar lo que saben que les falta".

Y luego, finalmente, el último ángel dijo: "Maestro, tengo el lugar perfecto donde nunca lo encontrarán. Un lugar donde nunca pensarán buscar, tan desconocido para ellos, tan aterrador para siquiera mirar, que los mantendrá alejados para siempre". "Dime, ¿dónde está ese lugar?", preguntó Dios intrigado. **"Escondámoslo dentro de ellos mismos".**

Y así, nuestro verdadero yo, nuestro verdadero poder, nuestro poder de **creación**, yace dormido dentro de cada uno de nosotros. Pasamos nuestras vidas buscando esa parte de nosotros que sabemos que nos falta, llamada **propósito**, sin saber **que ya está dentro**.

La buena noticia es que el Dios que nos creó a todos es amoroso y añadió un GPS, una verdadera brújula para que encontremos nuestro verdadero **propósito**. Esa es nuestra **alma**. Es la pieza que nos conecta a todos, que lo sabe todo. Incluso en el espacio silencioso de nuestros corazones, es capaz de susurrar la **verdad sobre quiénes somos, de quién somos y adónde pertenecemos.**

Lo primero a entender, sin importar tus puntos de vista religiosos, es que la mayoría de las culturas antiguas han definido por siglos el concepto del alma o el espíritu. Con ello, han ligado la idea de que nuestro Creador, en su infinita sabiduría, nos creó con un **propósito** único, para el cual nos dio toda una vida para descubrirlo y llevarlo a cabo.

Sabios para descubrir la misión, valientes para perseguirla

Imagínate por un momento que eres el personaje de tu propia película de acción. Algo así como Matthew Hunt en "Misión Imposible", o el agente Jason Bourne. Estos dos personajes basan toda su historia en llevar a cabo la misión para la que fueron creados o entrenados, pero, en sí, la trama gira alrededor de **descubrir cuál es esa misión.**

En el caso de Mathew Hunt, en "Misión Imposible", todo lo que encuentra para guiarlo es una grabación con poca información, la cual se autodestruirá en ¡cinco segundos! ¡Imagínate el estrés! Tener que ir a la batalla con solo unos segundos de instrucciones, que ¡no puedes volver a escuchar!

Pero, ahí no para el cuento. Agrégale también a tu historia de acción que, tal como Jason Bourne, no solo tienes que descubrir la misión, sino que, a través de ella, ¡tienes que descubrir también quién eres! Porque, por si no has visto esa saga de películas, Jason Bourne sufre de episodios de amnesia. Así que va descubriendo, poco a poco, un sinnúmero de habilidades que ni él sabía que tenía, ni cómo las obtuvo.

Al seguir con su misión, va hilando estas habilidades a

su pasado. Sin embargo, en algún momento de la saga se enfrenta a una gran pregunta: "si no sabes quién eres, ¿cómo sabes si estás luchando las batallas correctas?, ¿cómo sabes si esa misión es realmente la tuya?

Y lo más importante: ¿cómo sabes si estás luchando por el equipo correcto? Realmente aterrador, ¿cierto? Pues así mismo es nuestra historia como seres humanos. Nuestro creador nos dio una misión que completar. Cuando somos niños, estamos tan conectados con nuestra alma que no existen límites, pero, conforme vamos creciendo, es como si nos diera amnesia y empezáramos a olvidar todos esos sueños que Dios puso en nuestro corazón.

De igual manera, tal como en estas películas, **esa misión de vida está diseñada específicamente para completarse con las habilidades innatas de cada uno de nosotros.** Y debe ser completada en lo que ese mismo creador nos asignó como tiempo de vida, ¡esa es la verdadera misión! ¡Ser lo suficientemente **sabios** para descubrirla, y lo suficientemente **valientes** para perseguirla antes de que se nos acabe el tiempo!

Sin embargo, hoy en día estamos rodeados de tantos distractores que el mundo entero anda por la vida en piloto automático. En teoría, la globalización y los avances en telecomunicaciones han conectado al mundo, pero han desconectado al ser humano de lo que lleva en su interior. Así que, en la actualidad, el mundo quiere convencernos de creer como verdades las siguientes mentiras, que nos mantienen recalculando, constantemente, en nuestro camino al verdadero propósito:

- El día en que morimos dejamos de existir, ¡sanseacabó! ¡Puff! De polvo nacimos y en polvo nos convertimos. **No hay nada más allá, después de la muerte** de este trajecito llamado cuerpo, que nos prestaron por un tiempo. Entonces, si no hay nada más allá, ¿por qué preocuparnos de lo que hacemos en el "más acá", cierto?

- Si es que tenemos algún propósito, este debe ser el de ser **"felices",** hacer todo lo posible por **disfrutar el ahora,** porque no sabemos qué pueda pasar mañana. Y como mañana quizá estemos tres metros bajo tierra, pues, a darle ¿no? Entonces hay que vivir solo para darle gusto al cuerpo, rienda suelta a las **sensaciones y emociones,** sin perseguir ninguna meta, porque realmente no hay ningún propósito más allá de nuestra existencia.

- Que tu brújula de vida hoy en día son los medios, "influencers", tiktokers, youtubers y que el propósito de vivir debe ser tener miles de *likes*, seguidores y hacerte millonario de la noche a la mañana, con el menor esfuerzo posible. Si Mr. Beast lo hizo, ¿por qué tú no, correcto? Y si no tienes todo antes de los 30 años, entonces estás condenado a una vida de mediocridad, ¡porque ya se te fue el tren!

- Que vivir nuestra vida así, sin un norte, sin una guía, como barcos a la deriva, es la definición moderna de libertad. Como dijeron Los Beatles, "Let it be", o como dijo Elsa, la de "Frozen", "Let it Go". **Vivir y dejar vivir**, sin preocuparnos de los demás. Todo simplemente gira alrededor de nosotros mismos.

- Que encontrar tu propósito de vida es como probarse el zapato de cenicienta. Si el propósito que estabas persiguiendo no te "encaja bien", entonces ¡el que sigue! Si se siente incómodo, definitivamente no era para ti, así que a **recalcular el curso**. El nuevo concepto de felicidad es la ausencia de incomodidad.

- Que el propósito de la vida debe ser algo rebuscado, super espiritualoide, como lograr la paz mundial, ganarse un Oscar o salvar a las ballenas con Greenpeace. O ser ***freelance*** y vagar por el mundo hasta "que te encuentres a ti mismo" (¡por Dios! Déjate de ese cuento, sobre todo si ya estás pasadito de los 30, eh).

- O por el otro lado, que si persigues tu propósito vas a terminar pobre, o de hippy, vagabundo, ¡o todo lo anterior! Así que mejor dedícate a todo lo que los demás, porque el propósito de la vida debe ser simplemente generar suficiente dinero para pagar las cuentas.

Así es como las nuevas generaciones están enfrentando el mundo. Esto nos ha llevado a convertirnos en la generación del **"meh",** del desgano, de la apatía. Porque una humanidad sin **propósito** es una humanidad sin **pasión,** y una sociedad sin pasión genera un mundo frío, fácil de persuadir, porque nadie está dispuesto a pelear por sí mismos, ni mucho menos por los demás.

Revivir la chispa de pasión

Entonces, si todas estas mentiras han obscurecido la verdad acerca de quiénes somos y para qué fuimos creados, ¿cómo podemos recordarle a nuestra alma nuestra "misión secreta"? ¿Cómo podemos revivir esa chispa de pasión que cada ser humano lleva dentro, hasta avivar el fuego que es capaz de alumbrar al mundo entero? Y, sobre todo, ¿cómo podemos saber cuándo estamos en el camino correcto hacia el destino final de alcanzar nuestro propósito?

Vamos a empezar por definir que es realmente el propósito, ¿te parece?

Muchos escritores han creado innumerables obras maestras acerca de tan asediado y seductor concepto. Hombres y mujeres, a lo largo de la historia, han dedicado su vida entera a definirlo, descubrirlo y perseguirlo.

Innumerables religiones han intentado guiar a la humanidad hacia su destino a través de sus enseñanzas, pero cualquier definición se queda corta para la grandeza y profundidad de su significado.

La Real Academia Española lo define como:

PROPÓSITO:

1. Ánimo o intención de hacer o de no hacer algo.

   Sinónimos: intención, determinación, voluntad, ánimo, empeño, deseo, aspiración, interés, idea, proyecto, plan.

2. Objetivo que se pretende conseguir.

   Sinónimos: objeto, objetivo, meta, fin, finalidad.

Sin embargo, ambos conceptos no "dan el ancho" y se quedan cortos, ya que las dos definiciones implican que el propósito es "opcional". Simplemente, se tiene la "intención" o se pretende conseguir algo, pero, en la vida real, ¡encontrar el propósito no es un juego de azar! No es tan simple como tirar una moneda y jugarte el resto de tu vida. **Encontrar tu propósito es ¡el secreto de la felicidad!**

Hay una frase muy famosa de Mark Twain que dice:

"Los dos días más importantes en la vida del ser humano es el día en que nacimos y el día que descubrimos para qué nacimos".

Yo le agregaría también un tercero: **el día en que decidimos dar el primer paso para cumplir nuestro destino.**

Entonces, vamos a emprender el camino hacia 1) describir para qué nacimos y 2) darnos las herramientas para tomar el primer paso.

Descubrir el destino, un gran tesoro

A lo largo de mi vida, con el estudio del tema en la búsqueda de mi propio propósito y con décadas de ayuda a cientos de personas a encontrar el suyo a través de mi profesión, he descubierto que **tu alma siempre sabe cuál es tu destino.**

El alma funciona como un detector de metales: en cuanto más te vas acercando al propósito, te va alertando, como el juego de frío y caliente. Cuando vas alineando tu camino con el propósito de vida, lo puedes sentir. Es algo inexplicable, es como si el alma se conectara con tu yo del futuro, con ese "tú" que ella sabe que naciste para ser. Cuando estás en el camino hacia tu destino, te sientes completo, en un estado de gozo y asombro constante.

¿Alguna vez te ha pasado que sueñas despierto? Empiezas a imaginarte como sería la vida si fueras un cantante famoso, o un escritor de novelas. Y cuando tienes esa imagen en la cabeza, sientes mariposas en el estómago. Puedes verlo, sentirlo y vivirlo, es como si tu alma ya hubiera estado ahí, como si estuviera recordándote el "tú" para el que fuiste creado.

Voy a darte cinco pistas sencillas para que le recuerdes el propósito a tu alma, para que alinees tu detector de metales y te ayude a encontrar el gran tesoro que es descubrir el destino:

Toma una lápiz y papel y dibuja cinco columnas, cada una con las siguientes pistas en el encabezado:

1. Tu propósito es algo que disfrutas hacer hasta perderte en el tiempo. Es algo que, aunque no te pagaran, amarías poder hacer el resto de tu vida:

Por ejemplo, para mí es "hablar". Lo sé, hablar no es una profesión, pero, para identificar tu propósito, no tienes que ligarlo a una profesión específica. Simplemente, empieza por identificar una actividad o habilidad que te encante hacer. Para mí, es hablar, y de hablar se desencadena una pasión por escribir, y esta a su vez es alimentada por un hambre increíble por leer, conocer y aprender.

¿Lo ves? No es simplemente una actividad, es todo alrededor de esa actividad o habilidad que te dará la pauta. Ahora, también me encanta cocinar, pero definitivamente no lo quisiera hacer todos los días por el resto de mi vida, y ¡menos de gratis! Así que, definitivamente, ese no es mi propósito. Así mismo, haz una lista de actividades y habilidades y empieza el proceso de eliminación.

2. Tu propósito es algo que la gente te dice constantemente que eres bueno en ello:

Desde niña, toda la gente me decía que era super parlanchina. Al principio pensé que era un defecto. O que me lo decían como burla, pues me llegaron a apodar "perica". Con el paso del tiempo, me di cuenta de que a muchas personas les encantaba esa peculiaridad tan mía. La gente quería platicar conmigo, venía a pedirme consejos, en la escuela, en mis trabajos, en mi círculo social. Siempre me elegían para entrenar, disertar, debatir, discutir, en fin, para todo lo que tuviera que ver con hablar.

Así descubrí mi "don", y el regalo que llevo dentro se ha convertido en un superpoder que me ha llevado a conseguir mis mayores sueños. Aprendí a convertir mi pasión en mi profesión, que hoy día me paga bastante bien. Tanto así que me convirtió en la primera millonaria en mi familia.

En el capítulo sobre el éxito te darás cuenta de la gran correlación entre tu **habilidad y tu utilidad**, entre tu **pasión y tu profesión**. O, como dicen en inglés, de cómo convertir tu "passion into profit". Es importante destacar que encontrar el propósito es altamente remunerable, si estás dispuesto a perseguirlo.

3. Tu propósito es algo que se da natural desde pequeño. Una habilidad sobre la cual construyes muchas otras áreas de la vida y que te distingue de los demás:

Tu llamado es algo con lo que naciste. Quizá no directamente, pero ya dabas señales. Por ejemplo, yo aprendí a hablar antes del año. Imagínate eso, ¡yo aún no tenía ni pelo, y ya hablaba! Desde pequeña aprendía palabras y frases completas a una velocidad impresionante. Era muy buena haciendo amigos, comunicándome con personas de todas las edades, con conversaciones apropiadas para diferentes estratos y personalidades.

Puede ser que tú, desde niño, fueras altamente organizado, o quizá eras de las personas que desarmaban cual electrónico se atravesara en tu camino, por la curiosidad de volverlos a armar. Si lees la historia de Mark Zuckerberg, Steve Jobs o Bill Gates, puedes ver esto claramente. Todos daban destellos desde jóvenes de cuál era su llamado.

Existe un libro increíblemente interesante —"Outliers", del escritor Michell Gradwell—, que trata en detalle las características que los grandes gurús de la tecnología tienen en común, desde pequeños, y que pudieron predecir su éxito rotundo. Está comprobado, incluso por la ciencia, que tus características predominantes pueden predecir el éxito en la vida.

Tu propósito es una área en la que pareciera que la vida quiere que hagas "maestría":

Así como lo oyes. Esta habilidad innata se te ha desarrollado a través de toda tu vida. Es tan evidente que, cuando volteas a ver los capítulos de tu historia, puedes ver claramente cómo los retos y las pruebas de la vida te han dado grandes lecciones que han ayudado a fortalecerte en esta área.

Incluso puedes ver cómo la mayoría de los caminos tomado, por más al azar que parecieran, siempre te llevaban al mismo lugar. Por ejemplo, mis padres eran de escasos recursos, así que en los veranos no podían mandarme a clases privadas de nada. A su vez, no podían dejarme en casa todas las vacaciones, porque ambos trabajaban para pagar las cuentas.

Ellos buscaban cualquier campamento de verano o clases gratuitas disponibles, ¿y qué crees? Las únicas dos cosas que había en mi rancho eran clases para adultos mayores, que ofrecía el gobierno para "debates políticos", y clases en la biblioteca. Imagínate a un grupo de señores de 30 y 40 años, que querían hacer carrera política y recibían clases de oratoria, y ahí estaba yo desde los nueve años.

Además, todas las vacaciones, la biblioteca pública local tenía unas clases gratuitas algunas horas al día. Mis papás no podían dejarme solamente a tiempo parcial, así que me quedaba en la biblioteca todo el día. Las administradoras optaron por adoptarme y ponerme a trabajar, ayudando a archivar libros y, eventualmente, a dar talleres. Ya me los sabía al derecho y al revés.

De la escuela, mejor ni hablamos. Cualquier concurso de poesía, escritura y oratoria, yo era la alumna designada, pues los maestros sabían que ganaría. Y así, sucesivamente, todos los caminos siempre conducían a Roma. En todos mis trabajos y facetas, siempre supe que estaba diseñada para algo grande, y eso grande debía incluir ¡hablar, enseñar, escribir, disertar y, por supuesto, inspirar! Dejé que el destino abriera puertas, y cuando apuntaban a algo relacionado con mi habilidad, no dude jamás en tocarlas. Si no se abrían, siempre me encargué ¡hasta de patearlas! Porque, cuando sabes cuál es tu llamado, estás dispuesto a pelear por él.

5. Tu propósito es algo que puedes regalar a la humanidad, algo hilado a los sueños de los demás:

Una vez que empiezas a identificar cuáles son las habilidades natas que conectan con tu alma, la última prueba de fuego para saber si realmente es tu propósito es pensar si el don puede ser usado para ayudar a la humanidad. Cuántas personas puedes impactar, cómo puedes multiplicar ese talento a gran escala.

El escritor Jay Shetti, en su libro "Piensa como un monje", dice que cuando enfocas tu propósito en el **"para qué",** en servir a los demás, este crecerá y se multiplicará, sin preocuparte **"por el cómo"** lo lograrás. La teoría de que todos nuestros dones están interconectados con los sueños y metas de los demás, se comprueba cada vez; todos somos parte del gran rompecabezas llamado vida. Si nuestros dones no sirven a los demás, o no los ponemos al servicio de los otros, entonces no deben ser nuestro propósito real.

Entonces, el primer paso es simple: hazle a tu alma las cinco preguntas y tómate el tiempo de preguntar también a la gente que te rodea. Sobre todo, a aquellos que amas y te aman, a esos que te conocen. Permite que te digan las cosas que ven en ti, que muchas veces ni siquiera te das cuenta.

Una vez que hagas la lista, no te apresures en encontrar una profesión que se le parezca. Tu propósito es un camino, no una sentencia. Si eres bueno arreglando coches, no significa que estás condenado a ser mecánico. Tu "don" puede llevarte aún más allá de lo que te imaginas. Solo dale tiempo y atrévete a descubrirlo.

Ahora, una vez que tienes las pistas, el siguiente paso es emprender el camino. Aquí es donde muchas personas jamás empiezan, o se pierden a la mitad. Numerosas publicaciones hablan de que el remordimiento número uno de los seres humanos al morir, o de lo que más se arrepienten al final de sus vidas, es de no haber perseguido sus sueños, no haber sido leales a sí mismos, al "yo" que sabían que estaban llamados a ser.

Estas personas sienten no haber sido lo suficientemente valientes y disciplinadas, para atreverse a pelear por algo; entienden que se despiden de este mundo con la música por dentro, con todos los dones dados, sin jamás haberlos usado. Es como quien te da un regalo de Navidad, pero nunca te atreves a abrirlo, y mucho menos a utilizarlo.

Por la vida culpando a los demás

Existe una historia perfecta que ejemplifica la gran tragedia que le sigue ocurriendo a la Humanidad. Se encuentra nuevamente en la Biblia (Mateo 25:14). "El amo" confía a sus siervos una cantidad específica de "talentos" (algunas versiones definen estos talentos como bolsas de oro). Al primer sirviente le da cinco, al siguiente dos y al último uno. En la historia, se hace hincapié en que se los dio de acuerdo con su "capacidad".

Después de la repartición, el amo se va lejos. Y regresa, luego de mucho tiempo, para pedir cuentas a los siervos. El primero duplicó lo que se le había confiado, por lo que el maestro le dijo: "Siervo bueno y fiel, has sido fiel en lo poco y así mismo en lo mucho te pondré". El segundo entregó las mismas cuentas: con los dos talentos dados, logró cuatro. Su amo lo celebró de la misma manera: "Siervo bueno y fiel, has sido fiel en lo poco, así mismo en lo mucho te pondré".

El último sirviente llegó no con ganancias, ¡sino más bien con excusas! Primeramente, se defendió diciendo que, sabiendo que su amo era duro, estricto y exigente, tuvo miedo. Y temeroso de perder lo poco que se le había dado, decidió esconderlo para no perderlo y no enojar al amo.

No sé qué se imaginaba el sirviente que le iba a decir su jefe: "ándele usted, muchas gracias por guardarme la monedita, ¿pasaron tantos años y me regresó lo mismo que le dejé?" ¡Pues no verdad! Ya te imaginarás la reacción del amo: "Siervo malo y negligente, aun lo poco que se te ha dado, se te será despojado".

Esta parábola es exactamente lo que hacemos con esos dones, talentos o habilidades que se nos han confiado. Primero, **empezamos por buscar culpables,** como el último sirviente, que decide acusar al amo de ser exigente y duro.

Así vamos por la vida, culpando a los demás por no poder cumplir nuestro propósito. Le echamos la culpa a circunstancias, padres, parejas, al tiempo, al trabajo, a los hijos, y últimamente ¡hasta al perro! Sí, aunque dé risa, últimamente he escuchado a un sinnúmero de personas que afirman que el cuidado intensivo de su mascota —y los gastos derivados— ¡les impiden ir a perseguir sus sueños!

Culpar a los demás nos libera de la responsabilidad de tomar acción, pero también nos despoja de la increíble oportunidad de dar el primer paso. Desgraciadamente, hoy día hemos enseñado a los más jóvenes que el mundo debe adaptarse a ellos, y no ellos al mundo. Es más fácil y cómodo culpar a algo fuera de nosotros, que sentir el dolor de saber que la mayoría de los problemas de nuestra existencia radican en nosotros mismos.

Existen muchísimas personas que caen en problemas de adicciones, depresión, pobreza, etcétera, y atribuyen su infortunio a cómo los criaron sus padres. Que si les dieron poco, que si les dieron mucho, que si los atormentaron con tanta atención, o que no les prestaron ninguna.

Asimismo, hay un gran número de personas que culpan

a la economía, al gobierno y ¡al que se deje! de sus penas. Existe incluso un fenómeno: ciertas culturas atribuyen su precario desarrollo social al color de su piel, o al hecho de que, hace siglos, sus antepasados fueron esclavizados o discriminados.

Incluso cuando sus nuevas generaciones viven en un mundo totalmente diferente, donde ya no están en desventaja, dichas culturas llevan arrastrando esas cadenas de "desavenencia", como si aún fueran esclavos. No de un amo, pero sí de su pasado. Si tomamos la posición de víctimas o adoptamos la mentalidad de la desventaja, debido a cualquier situación externa, será imposible tomar el volante de nuestro futuro. Sería como conformarte con ir en el asiento del copiloto durante el viaje de tu vida.

Así que el primer paso para seguir tu destino, es tomar responsabilidad, saber que ¡está totalmente en tus manos! Eres el creador de tu futuro, aun cuando tenemos al Creador que nos dio una gran misión de vida y nos mandó con una mochila interna, llena de herramientas para conseguirla. Incluso así, somos los responsables de ajustar el curso, recalibrar la brújula y hacer uso de las habilidades y dones que se nos han dado (Proverbios 16:9).

Lo que necesitamos para cumplir nuestra misión

Ahora, la siguiente parte del propósito, que también se ilustra en la historia de los talentos. Al siervo número tres se le dio solo un talento, y se enfatiza que **a todos se le dio, acorde a su capacidad.** ¡Uf! Qué fuerte, ¿no? Pero estoy totalmente de acuerdo con ese concepto. Quizá estés pensando: "ya ves, a mí solo se me dio poco talento, o pocas habilidades. No hay nada que hacer, ¡estoy condenado a la mediocridad!".

¡Para nada! Estoy segura de que muchas veces volteas a ver a los demás y piensas: "Oh, Dios, si tan solo tuviera su inteligencia, su talento, su personalidad... Lo que daría por tener su belleza, imagínate todo lo que podría lograr en la vida". Sobre todo, en esta sociedad moderna, donde vivimos comparándonos con los demás, "gracias" a las redes sociales y a sus falsas expectativas.

Sin embargo, la realidad es **que todos tenemos en nosotros mismos exactamente lo que necesitamos para cumplir nuestra misión de vida**. Lo único es que esa habilidad tiene que cultivarse. Es como si te hubieran dado una cubeta que dice "habilidad para cantar". Esa cubeta ya está en ti, pero tienes que llenarla. ¿Y cómo se llena? Pues metiéndole ganas, empeño, práctica, aprendiendo de los errores y enfrentando retos que te ayuden a pulirla.

Ahora, otra cosa clave en este punto es el hecho de que tus habilidades natas no están completamente desarrolladas al nacer. Es importante que entendamos que se nos ha dado **"la medida exacta"** para cada estación de la vida (Eclesiastés 3:1-8) ¿Qué quiere decir esto? Que muchas veces nos frustramos porque no cantamos como Celine Dion, y tiramos la toalla porque pensamos que no hay manera de que algún día ganemos un Grammy.

La realidad es que, si apenas tienes ocho años, ¿para qué necesitas cantar como Pavarotti? Con que cantes lo suficientemente entonado, para que te dejen participar en el coro de la iglesia; con que te prepares lo suficiente para la siguiente audición de la academia local de talento y ganes una beca para la escuela de arte comunitaria, ya tienes los primeros pasos para ¡poner a prueba tu pasión y pulir tu propósito!

Florecer en cualquier jardín

Entonces, hay que **aprender a identificar la etapa de la vida en la que estamos**. Cuando mis hijos eran pequeños, y yo tenía dentro grandes sueños de escribir libros, inspirar naciones, dar conferencias y viajar por el mundo, de mí, sabía que estaba llamada a ello; pero en esa etapa era altamente improbable, tenía otras prioridades.

Tuve dos opciones: tirar la toalla y olvidarme de mi llamado, autoconvencerme de que estaba pidiendo demasiado o encontrar la manera de **seguir cultivando mis dones, para no olvidarlos**, para hacerlos crecer, aun cuando fuera a pasitos de hormiga. Me pregunté a mí misma cómo podía servir al mundo con esos talentos, desde el lugar donde estaba, desde la etapa de la vida en la que me encontraba.

Una de mis frases favoritas es **"aprende a florecer donde quiera que estés plantado".** La pregunta hoy día es para ti, sin importar si estas en tus 20, 30 o si ya llegaste a la cima de los 60 años. La pregunta es la misma: ¿Qué estás haciendo hoy para recordarle a tu alma tus dones? ¿Cómo los estás invirtiendo y multiplicando?

La siguiente frase del "amo" a sus siervos fue **"como en lo poco me has sido fiel, en lo mucho te pondré"**. Esas palabras conllevan mucha sabiduría. Para llegar a las grandes metas de tu vida, primero tienes que probar que lo deseas y estás dispuesto a pelear y trabajar en ellas. **¡Para incrementar tu habilidad, primero debes incrementar tu capacidad!**

Así que, si dentro de ti hay un gran sueño, si ya has descubierto tu llamado, pero estás frustrado porque sientes que has estado sentado mucho tiempo en la sala de espera, ¡no desperdicies el tiempo! ¡Crece! Lo importante no es lo que hay dentro de ti, sino lo que dejas salir de ti y pones en práctica. ¿No te parece interesante que uno de los continentes más ricos en recursos naturales sea África, sin embargo, es el de mayor pobreza?

Lo que importa no es el potencial, sino ¡cómo pones tu potencial en acción! Que en la historia se hable de que "a cada quien se le da de acuerdo con su capacidad", no significa que todos tenemos cierta medida de capacidad y ya, que nuestras habilidades estén limitadas y alguien dictamine hasta dónde podemos soñar.

Realmente significa que se nos da toda una vida para aumentar nuestra capacidad. El ser humano, genéticamente hablando, cuenta con todo lo necesario para incrementar su capacidad en cualquier área, llamémosle física, cerebral, mental, etcétera... Somos seres totalmente flexibles.

No esperes el gran momento

Existe una ciencia llamada **epigenética** que estudia el potencial infinito de nuestros genes. No estamos limitados por nuestra biología, sino más bien los genes tienen la capacidad de activarse o desactivarse, de acuerdo con el input interno. Por ejemplo, la manera en que pensamos. O externo, en este caso el ambiente en el que nos desarrollamos.

En perspectiva, es como si nuestro Creador nos hubiera dado un maletín lleno de armas para usar en la gran misión, tal y como en la película "Misión imposible"; pero depende solo de nosotros cuándo y cómo activarlas. Por eso podemos ver atletas, científicos, artistas... lograr lo que se pensaba imposible para la Humanidad. Simplemente, porque decidieron activar el potencial que llevaban dentro.

Así que la pregunta es: ¿cómo trabajas para incrementar tu capacidad? Una vez que la has descubierto, no te sientes a esperar el mejor momento para ponerla en acción. No te preocupes por cómo saldrán las cosas. Recuerda que todo experto, antes de ser "un máster", ¡fue primero un desastre!

Me encanta una pequeña historia en la que un gran maestro de orquesta estaba a punto de presentar su show en un gran teatro. Un niño del público, fan de la música sinfónica, se escabulló entre la multitud y, sin que nadie se diera cuenta, se sentó al piano y empezó a tocar la única melodía que se sabía: "Palitos chinos".

Los padres, aterrados por la travesura de su hijo, esperaban la reacción del maestro, quien estupefacto se dirigió al niño. Sin embargo, para sorpresa de todos, en lugar de parar la desentonada música, tomó su batuta y empezó a dar instrucciones a los demás miembros de la orquesta para que le acompañaran.

A los pocos minutos, el teatro se estremecía de alegría con el increíble espectáculo. En unos segundos, los ruidos que provenían de las manitas del niño inexperto, se convirtieron en una obra de arte en manos del maestro. Al terminar, el pequeño se dirigió al frente con gozo, donde lo esperaba el director. Los dos, tomados de la mano, dieron gracias al público, que los ovacionó de pie. Así somos todos. Aun cuando nuestros talentos no parezcan mucho, si nos atrevemos a ponerlos en manos del "gran maestro", él los convertirá en **¡una obra de arte!**

Ahora, muchos estamos esperando ese gran momento

para usar nuestros talentos. Vemos la vida como quien va en un tren, aguardando llegar a la estación (que pensamos es nuestra parada final), simplemente para un día darnos cuenta de que se nos pasó el destino. No esperes el gran momento, porque quizá jamás llegue en la forma que esperas. ¡Los grandes momentos se construyen de pequeños intentos!

Como dijo un deportista famoso, "los campeonatos no se ganan en los 90 minutos en la cancha, sino por las innumerables horas tras puertas cerradas, entrenando todos los días". ¡Así que a entrenar se ha dicho! Porque las grandes victorias se ganan demostrando que podemos soportar las pequeñas batallas.

"Como me has sido fiel en lo poco, en lo mucho te pondré". Esta frase conlleva mucha sabiduría, porque hoy día las nuevas generaciones quieren el reflector. Si no son las Grandes Ligas, entonces para qué jugar; si no va a salir en las redes sociales, entonces no cuenta. Se nos ha olvidado esforzarnos donde nadie nos ve, mantener altos estándares, aunque nadie lo note; poner empeño a los pequeños proyectos, empezar desde abajo, disfrutar del proceso de conquistar retos, aunque parezcan insignificantes; darlo todo sin esperar resultados inmediatos.

De las pequeñas acciones a la reacción en cadena

Hoy día tenemos mentalidad de "microondas". Lo queremos todo rápido, pero la realidad es que todo toma tiempo. Lo que verdaderamente vale la pena, se construye despacio. La llamada "Ley del Momentum" dice que una serie de pequeñas acciones constantes generan un efecto que, a su debido tiempo, generará una reacción en cadena. Por tanto, con la misma cantidad de esfuerzo, los resultados se magnifican, simple y sencillamente porque generas impulso a través del tiempo.

Si quieres ser chef, empieza por ser lavaplatos, después conviértete en el mejor ayudante de cocinero, voluntario en la cocina del albergue de la ciudad, o prepara comidas para ancianos, huérfanos y viudas. Engrandece tu talento, porque, mientras seas fiel en lo poco, un día el gran maestro de la orquesta de la vida seguramente te pondrá arriba del escenario.

La lección final en esta historia es **no perder lo poco o mucho que se te ha dado**, como dice el dicho: "if you don't use it, you lose it". ¡Si no lo usas, lo pierdes! En la parte final, el maestro dice al último sirviente: **"...aun lo poco que se te ha dado, se te será despojado"**. ¡Zaz! ¡Qué fuerte! Y es que debemos entender que el gran arquitecto de la vida, al que llamamos Dios o el Universo, tiene las misiones diseñadas para cada uno.

Nuestras misiones están cuidadosamente interconectadas con las de los demás. Tus sueños y metas están ligados a los sueños y las metas de otras personas que necesitan de ti. Nuestro mundo no trata solamente de "yo, yo y yo", como te hace pensar la media con sus iPhone, iPad, iWatch... En este barco llamado vida, ¡se trata de todos!

Existen personas llamadas a cumplir una misión para que tu puedas cumplir la tuya. Hay personas en tu vida que llegan con un propósito específico. A veces, solo están en tu película por una o dos escenas o son personajes de relleno. Sin embargo, de todas depende tu éxito. Estoy segura de que todos tuvimos un maestro, un entrenador, un tío, un amigo que marcó nuestra vida para bien.

Y, de igual forma, ¡el éxito de otros depende de ti! Especialmente, tus siguientes generaciones, porque tienes el poder no solo de escribir, sino también de cambiar tu legado. Déjame decirte que muchas veces el esplendor de tu destino ni siquiera lo vas a poder experimentar en lo que te queda de vida; pero, si te esfuerzas, tu propósito quizá sea tan grande que la parte que te toca es construir la base para que tus nietos o bisnietos completen lo que empezaste.

Un gran ejemplo es la Catedral de la Sagrada Familia, en Barcelona, España. ¿Sabías que el gran artista Gaudí diseñó esta intrincada obra de arte en 1882 y hoy día aún no se termina? Esto no le impidió empezarla. Al contrario, su legado sigue vivo, dándole la oportunidad a cientos de artistas más de poner un granito de arena en la construcción de esta majestuosa maravilla del mundo.

Si no eres lo suficientemente valiente para embarcarte en tu misión, muy probablemente el Universo encontrará a alguien más que la lleve a cabo. Cumplir tu destino es tan importante que el show tiene que continuar, aun si se tiene que buscar a otro actor. Si no quieres perderte de descubrir el "tú" que fuiste creado para ser, debes arriesgarte, estar dispuesto a crecer.

Y como todo crecimiento, duele, pero es ahí donde radica el verdadero secreto de la vida: en cumplir la misión única a la que fuimos llamados. Porque no hay mejor final para nuestra película que llegar a la presencia del "gran maestro" y escucharle estas palabras: **"Siervo bueno y fiel, te convertiste en todo aquello para lo que naciste para ser".**

Entonces, para resumir la moraleja de la historia y poner fin a las mentiras del siglo, demos luz a la verdad que tu alma siempre supo acerca de tu propósito:

El día que morimos **no** es el día en que dejamos de existir. Si queremos ser inmortales, debemos construir algo con los dones que se nos han regalado. Debemos dejar un legado, huellas de nosotros mismos, para que las siguientes generaciones puedan seguir el camino hasta terminar la obra maestra que comenzamos con nuestra existencia.

El propósito de la vida sí es ser **"felices",** pero no sobre la base de sensaciones y emociones. La verdadera felicidad llega con el deber bien cumplido, con la satisfacción de las pequeñas batallas ganadas y el orgullo de saber que lo dimos todo hasta el último suspiro. El mañana no está garantizado, pero la única manera de disfrutar "el ahora" es hacer que nuestra vida cuente con cada latido.

Que tu brújula no sean los "influencers", tiktokers o youtubers. En la carrera de la vida, cada quien va en su propio carril. Ir volteando para ver cómo van los demás, solo te hará tropezar o terminar en la meta equivocada. Ten paciencia con los resultados, pero se urgente con la actividad, ponle empeño. Recuerda que no eres una palomita de maíz, sino una obra de arte. Date tiempo, pero jamás renuncies, porque la única manera en que la derrota está garantizada es darse por vencido.

Vivir la vida así, sin un norte, no da libertad. No podemos ir como barcos a la deriva. Hay que tener un propósito que inspire, impulse y guíe. Solo tú tienes el timón del barco, así que levanta el ancla y ¡emprende el camino hoy! Alza las velas y deja que el viento te lleve hasta tu destino.

Encontrar tu propósito de vida no es como probarse el zapato de Cenicienta. Deja de ir por la vida recalculando y renunciando cuando las cosas que se ponen difíciles. No seas como la rana que va saltando de lirio en lirio. Ten disciplina para terminar todo lo que emprendes, aun si no es específicamente tu camino.

Deja de andar "buscándote a ti mismo". El tú que naciste para ser, no se "encuentra", sino que **se construye** con esfuerzos, errores, derrotas y lecciones a lo largo del camino. No seas un vagabundo, queriendo vivir sin ataduras por no querer comprometerte. Es en el compromiso donde encontrarás la satisfacción de una vida bien vivida hasta el último suspiro.

Y, por último, deja de preocuparte por si terminarás pobre y fracasado por perseguir tus sueños. Nadie jamás ha fallado si de verdad sigue su pasión y la convierte en su profesión. Solo da un vistazo a los futbolistas mejor pagados, a los comediantes, a los cantantes. Ellos se dedican día a día a lo que aman, pero, al convertirse en los mejores, la vida le dio, a cambio, todo lo que siempre soñaron. Cuando te conviertes en el "tú" para el que naciste, la misión está completada y ¡el éxito, garantizado!

Capitulo #04

LA MENTIRA ACERCA DE LA ADVERSIDAD

LA MENTIRA ACERCA DE LA ADVERSIDAD

"Las dificultades a menudo preparan a personas comunes para un destino extraordinario"

- C.S. LEWIS

En 1987, el proyecto Biosfera 2 dio inicio en Arizona, con el propósito de construir la segunda biosfera autosuficiente, después de la Tierra.

Este recinto era un lugar totalmente cerrado, donde se plantaron diversas especies de árboles. Sin embargo, a pesar de condiciones artificiales ideales para su crecimiento, los científicos se dieron cuenta de que, después de cierto tiempo, estos árboles empezaron a morir.

Tras el sorpresivo hallazgo, los investigadores concluyeron que, a pesar de la situación óptima de luz solar, agua y nutrientes en el suelo y un crecimiento más rápido de lo que lo harían fuera de la biosfera, los árboles se caían antes de alcanzar la madurez.

Sin querer se tropezaron con un concepto increíblemente interesante llamado "madera de estrés", que habla de que un árbol la desarrolla cuando es golpeado de un lado a otro por el viento, doblándose y contorsionándose en posiciones incómodas. Esto los fortalece y evita que sigan creciendo en direcciones que eventualmente los dañarían.

Además, se dieron cuenta de que la madera de estrés ayuda a los árboles a posicionarse en una exposición solar óptima, lo que los hace más resistentes. Entonces, en ausencia de ese factor, aunque crecían rápidamente, a la larga carecían de la resistencia necesaria para sostenerse completamente y alcanzar su mayor potencial.

Muy interesante la historia, ¿verdad? Y quizás estés pensado, claro, los árboles necesitan ser fuertes para alcanzar alturas tan impresionantes y para cumplir un propósito tan vital en nuestro planeta. Sin embargo, la pregunta es ¿y qué tal tú? ¿Qué tanto estás dispuesto a pasar por la cantidad de estrés necesaria para desarrollar tu mayor potencial?

Y quizás me digas: "es que el estrés no es bueno". O, por el contrario, tal vez piensas: "¡Pero, si yo me la vivo estresado, y eso no me ha llevado a ningún lado! Es que no me estoy refiriendo al estrés sin sentido, al que nos exponemos cuando esperamos en la fila del supermercado y a la viejita de enfrente se le ocurre ponerse a contar sus monedas. O al estrés de aguantar a la suegra un fin de semana completo durante las vacaciones.

Me refiero a la adversidad, a las batallas que vale la pena enfrentar, a los retos que muchas veces no nos queremos aventurar porque duelen e incomodan. Y es que, desgraciadamente, tal y como mencionamos en los capítulos anteriores, otra de las grandes mentiras de este siglo es hacernos creer que la falta de dolor, la ausencia de incomodidad o adversidad es la nueva medida con la que podemos evaluar nuestra felicidad.

El estrés es parte de la vida

Las nuevas generaciones han dado una connotación negativa al tan temido **estrés**. De hecho, la industria de la autoayuda y los nuevos gurús de la salud mental han monetizado altamente todo aquel remedio, técnica o estrategia que ayude a erradicarlo por completo.

Sin embargo, como puedes leer en esta historia, **el estrés es parte de la vida**, nos va creando capas internas que fortalecen nuestra identidad y nos convierte en personas más seguras, flexibles, empáticas y hasta más agradecidas.

La Organización Mundial de la Salud (OMS) define el estrés como "el conjunto de reacciones fisiológicas que preparan al organismo para la acción". Así que, como puedes darte cuenta, el cuerpo está diseñado para responder a situaciones de adversidad, a través de reacciones fisiológicas que nos prepara para la **acción**. Ahí está justamente la clave: cuando nos enfrentamos a la adversidad, lo mejor es tomar acción. Pero, ¿cuál es nuestra estrategia hoy día? ¡Salimos corriendo!

Muchos estudios afirman que el **estrés positivo** es aquel en el cual el ser humano se enfrenta a un desafío, **pero cree que lo puede superar**. Sus efectos son bastante positivos como, por ejemplo, energizarnos, impulsarnos y hacernos ejercitar la neuroplasticidad cerebral, ya que nos vemos motivados a ser creativos y encontrar nuevas formas para resolver el problema.

Ahora, el estrés es igualmente dañino cuando enfrentamos un problema, **pero no creemos que lo podemos resolver**. Si en nuestra mente **percibimos** que el problema está fuera de nuestras manos o no tiene solución, se desencadena un sentimiento de desesperanza, derrota y frustración. Así que la gran pregunta aquí es: ¿qué podemos hacer para ejercitar nuestra resiliencia a través del estrés positivo?

Pues déjame decirte que la clave no consiste en el tipo de reto que enfrentemos, si es fácil o difícil. Es en sí **nuestra percepción** del reto lo que realmente hace la diferencia. No se trata de estar o no en control, sino de la perspectiva acerca de cómo podemos enfrentar lo que estamos viviendo.

¿Alguna vez has notado cómo personas que han pasado por enfermedades que pudieron quitarles la vida, o que enfrentan el mundo con una discapacidad, tienden a una resiliencia superior a la de gente común y corriente?

Esto sucede ya que, al enfrentar situaciones que han estado fuera de su control, aprendieron a ser más agradecidos por lo que tienen, **a controlar lo que realmente estaba en sus manos** y a forjar su carácter, de tal manera que las cosas mundanas de la vida, que a ti y a mí nos sacan normalmente de las casillas, como el tráfico, el clima, las prisas y el trabajo, ¡ya no les hacen ni cosquillas!

La generación de cristal

Desafortunadamente, el valor de la adversidad se ha ido perdiendo poco a poco. En esta sociedad, en la que la vida diaria, especialmente en los países del primer mundo, se ha convertido en miel sobre hojuelas, hemos dado a luz a una "generación de cristal" que **ya no experimenta ni busca la adversidad.**

Lo sé. El concepto "buscar adversidad" suena medio raro. O sea, no estoy diciendo que te conviertas en masoquista y vayas por la vida buscando el sufrimiento constante, ¡para nada! Pero, cuando aprendemos a **percibir la adversidad** por lo que es, la envoltura perfecta para el gran regalo que es la **"oportunidad"**, no solo vamos a aprender a recibirla con entusiasmo, sino que **intencionalmente** buscaremos oportunidades para fortalecernos.

Como describe sabiamente el autor Napoleon Hill,

"Cada adversidad, cada fracaso, cada angustia

lleva consigo la semilla de un **beneficio equivalente o mayor al reto mismo".**

La prueba, los errores, el fracaso, son la semilla de la cual, si sabemos cultivarla, pueden germinar las mayores oportunidades.

Existe un sin número de historias de personas altamente famosas que pasaron por situaciones extremadamente retadoras, y gracias a ello encontraron el éxito. Por ejemplo, la empresaria Whitney Wolfe Herd, quien ayudó a desarrollar la plataforma Tinder, se vio obligada a renunciar en 2014, después de haber sido víctima de acoso sexual por parte de los ejecutivos de la compañía.

Sin embargo, esto no la detuvo. No solo hizo público el hecho y lanzó una demanda (la ganó en otoño de ese mismo año), sino que tomó impulso para crear una nueva plataforma. Así, utilizó lo que aprendió durante su tiempo en Tinder y **aplicó las lecciones que le dejó la tragedia**. Entonces nació **Bumble**, una aplicación segura que permite a sus usuarios (en su mayoría mujeres) encontrar pareja, pero en un ambiente preventivo del acoso sexual.

¡Imagínate eso! Pasar por algo tan difícil, renunciar a la compañía que ayudaste a construir, tener la valentía de demandarlos y además empezar de nuevo. ¡Y todo esto a sus escasos 25 años! Esa es la verdadera resiliencia, señoras y señores, es la habilidad de encontrar semillas de grandeza en una montaña gigante de fertilizante (por no decir una palabrota).

Ahora, la historia no termina ahí. Todo esto llevo a Herd a convertirse en la mujer **billonaria** más joven de la historia, a salir en las portadas de "Forbes" y "Times". Y así es como **logró convertir la adversidad en su mayor oportunidad**.

Impresionante, ¿cierto? Pero lo más rescatable de la historia es que todos los seres humanos tenemos la habilidad, y me atrevo a decir que **la necesidad,** de aprender de las situaciones difíciles. Todos tenemos que ejercitar el músculo de la resiliencia. El único instrumento que podemos usar para fortalecer nuestra capacidad de aguantar, de superar, de no solo sobrevivir, sino de prosperar, en medio de las dificultades, es precisamente **exponernos a las dificultades**.

Los músculos crecen cuando se rompen

Seamos realistas: nada crece cuando está estancado. ¿Sabías que los músculos solo crecen cuando se rompen? Por eso, cuando vas al gimnasio, los entrenadores usan técnicas de alta repetición y enfatizan que las últimas repeticiones son las más importantes. En ese momento, es cuando el dolor es más intenso y sientes que ya no puedes más. Es el tiempo preciso donde el músculo se está rompiendo y producirá un proceso de recuperación que finalmente lo hará crecer.

La literatura científica ha dejado claro que, para ganar masa muscular, tienen que darse tres factores: tensión mecánica, estrés metabólico y daño muscular. ¡Wow! ¿Te das cuenta de cómo tres de las palabras que menos nos gusta escuchar, son claves para el crecimiento muscular: **tensión, estrés y daño?**

Sin embargo, hoy día enfrentamos un mundo en el cual toda adversidad produce "trauma", y este debe ser tratado y eliminado a toda costa. La industria de la psicología se ha beneficiado grandemente del concepto, inundando nuestra mente y los medios con la nueva "necesidad" de identificar y tratar el trauma.

Aparentemente, "trauma" es cualquier cosa que haya producido una reacción negativa en ti. Por ejemplo, si mis padres infundían demasiada disciplina, me produjeron "trauma"; si mis compañeros de la escuela me pusieron apodos, entonces me quedó un "trauma"; si mi matrimonio no funcionó y ahora no encuentro el amor, debe ser por algún "trauma"; si tengo un vicio con el que lucho todos los días, debe ser a raíz de un "trauma".

Y así vamos por la vida, cargando la bolsita de piedritas que nos encontramos en el camino. Gracias a la psicología moderna, la hemos apodado "trauma", y la llevamos orgullosamente, para usarla como excusa cuando las cosas se ponen difíciles.

Se podría decir que, prácticamente, nos hemos convertido en una generación de adultos que experimentamos PTSD (Síndrome Post Traumático) por cualquier situación difícil en nuestro pasado. Ahora vamos por la vida envolviendo a nuestros hijos en plástico de burbujas, para que no se rompan, o queriendo cambiar leyes, reglas e ideologías, con el afán de eliminar la adversidad de nuestro entorno.

Simplemente, porque no queremos sentir dolor o incomodidad, sin darnos cuenta de que la solución no es eliminar los retos, sino aprender como sociedad a enfrentarlos y potencializarlos a través de la resiliencia. Con esto no digo que el trauma no existe, o que no haya que buscar ayuda de expertos, cuando nuestro cerebro no da para más o necesita ayuda para procesar situaciones extraordinariamente difíciles.

Personalmente, he buscado ayuda terapéutica en situaciones como haber sido testigo de la muerte de mi padre. Y puedo atestiguar que fue de gran ayuda. Me refiero a que debemos ser conscientes de que las palabras tienen poder. Si a todas las situaciones incómodas les ponemos una etiqueta negativa, como al estrés y a la adversidad, y si a toda cuestión desfavorable le llamamos trauma, esto determinará la forma en que nuestra mente lo percibirá y manejará estos problemas.

La necesidad de pruebas y dificultades

Hay una frase que me encanta de la Biblia: "Hay que **alegrarno**s al enfrentar **pruebas y dificultades,** porque sabemos que nos ayudan a **desarrollar resistencia**. Y la resistencia desarrolla **firmeza de carácter**, y el carácter **fortalece nuestra esperanza"** (Romanos 5:3-5).

¡Imagínate eso! No solo dice que las pruebas y las dificultades son buenas porque desarrollan la resistencia, el carácter y dan esperanza, sino que **¡debemos alegrarnos cuando estemos enfrentando pruebas!** Esto es todo lo contrario a lo que la sociedad actual nos ha inculcado.

Hoy en día, en las escuelas, ya no hay cuadros de honor. Se hace lo posible porque no les manden tareas a los niños, ya nadie reprueba o repite el mismo grado, en los deportes dan medallas por participación y quieren que cada niño salga con un listón, por el simple hecho de haber asistido. Y todo en un afán de "proteger" a las siguientes generaciones del sentimiento de fracaso, estrés o dolor, como si esa fuera la receta secreta para la felicidad.

En una revisión semianual de la escuela de mis hijos, pregunté a los maestros si podía saber cuáles eran los niños con mejores calificaciones. Una de las cosas que he inculcado a mis dos varones es que, si quieren ser el número uno en cualquier cosa, es necesario saber quién es el número uno. Para alcanzar y rebasar a tu competencia, debes saber exactamente las métricas a vencer.

Sin embargo, los maestros me dijeron que no podían darme esa información, porque no quieren que los niños sientan la presión de "compararse con los demás". ¡Bah! ¡Como si esa fuera la vida real! Todos necesitamos puntos de referencia, enfrentarnos a nosotros mismos con áreas de oportunidad, reconocer nuestros errores desde pequeños, para aprender a afrontar las emociones que desencadenan los retos de una manera positiva.

Necesitamos equiparnos con las herramientas necesarias para salir al mundo como adultos mentalmente resilientes. Siempre les digo a mis hijos, cuando estoy enforzando la disciplina en casa: "¿Qué prefieren, una mamá dura o una vida dura?". Porque si estas lecciones no las aprendemos en casa, la escuela de la vida se encargará de repetir la lección hasta que por fin pasemos el examen.

Crear "carreteras" neurológicas

Quiero que te imagines la vida como un gimnasio, un centro de entrenamiento para la gran batalla final de tu vida, que es llegar al destino para el que fuiste creado. Quiero que pienses por un momento que eres un atleta y te preparas para las Olimpiadas, que ocurrirán dentro de cuatro años. ¿Crees que en tu centro deportivo la estrategia de los entrenadores será apapacharte, cuidarte para que no te dé ni el aire, dejarte dormir y descansar para estar fresco como una lechuga el día de la competencia? ¡Para nada!

Tu régimen de entrenamiento, muy probablemente, sería extenuante. Se asegurarían de ofrecerte lecciones para fortalecer determinados músculos o movimientos. Te harían pasar horas interminables repitiendo la misma lección, hasta que la pudieras dominar.

De hecho, parte del entrenamiento de atletas de alto rendimiento incluye la visualización, donde los deportistas se imaginan que están en el día mismo de la competencia. Los hacen usar la ropa prevista, les ponen la misma música, les dan la misma comida, simularán las condiciones exactas de la competencia y los harán imaginar que ya están ahí, para que practiquen cada movimiento, como si lo estuvieran viviendo.

Esa estrategia se llama **"ensayo mental"**, la cual consiste en crear "carreteras" neurológicas en su cerebro, para que en la competencia vayan como en piloto automático. Los hacen sentir tantas veces que ya han "vivido" ese momento, que la mente sabe exactamente cómo reaccionar para que su cuerpo no entre en shock.

Así mismo es la vida. Cuando enfrentamos situaciones difíciles, nuestro cerebro crea nuevas conexiones que nos ayudarán a enfrentar los retos del futuro con mayor fluidez, entereza y esperanza. Cada batalla ganada, por más mínima que parezca, genera un nuevo nivel de **confianza**.

La mente funciona como una gran biblioteca, donde se almacenan nuestras experiencias. Y, si nos enfrentamos a un problema y logramos solucionarlo, el sentimiento intenso de satisfacción se queda grabado. Nos impulsa a intentar nuevos retos, porque ya existe evidencia de que podemos lograr cosas difíciles.

Funciona como el bebé que da sus primeros pasos y se cae. Esto no lo hace desistir de seguirlo intentando. Al contrario, lo motiva, porque sabe que si logra dar dos pasitos, puede conseguir cinco más. De igual forma, el niño que está aprendiendo a andar en bicicleta, toma motivación en cuanto logra sostenerse y pedalear, aunque sea unos segundos.

Los seres humanos estamos diseñados para **disfrutar** los retos. Por eso nos encantan los rompecabezas, crucigramas, sudoku y todo juego que estimule la mente. Porque, así como el pasaje de la Biblia que leímos anteriormente, la prueba produce resistencia, fortalece el carácter y nos da esperanza de que podemos vencer los retos que se nos presenten en el futuro.

Ejercitar los músculos mentales para enfrentar la adversidad

Desgraciadamente, el mundo de hoy ya no nos presenta tantas oportunidades innatas para enfrentar la adversidad. Las comodidades modernas han quitado lo retador a la vida. Por eso, hoy día, existen tantos padecimientos de salud mental, porque el proceso de vencer pequeños retos es lo que realmente da sentido a la vida.

En el mundo de mis padres, la vida era incómoda. Hasta las tareas más mundanas del día a día implicaban esfuerzo, y desarrollaban un sinfín de habilidades como la paciencia, la disciplina, la tenacidad.

Por ejemplo, a mis padres nadie los llevó a la escuela. Debían caminar kilómetros para llegar a sus precarios salones de enseñanza. No tenían computadoras, iPads o celulares, así que el conocimiento se ganaba con trabajo duro, escribiendo, leyendo, investigando. Tenían que despertarse muy temprano para la caminata, y al regresar a casa los esperaban las tareas del campo: arar la tierra, sembrar los huertos, cuidar a los animales y, de paso, lavar la ropa para el día siguiente (porque, para tu sorpresa, no existían las lavadoras en casa).

El mundo de antes estaba diseñado para fortalecer al ser humano y crear neuroconductores que forzaran a la mente a enfrentar retos, y disfrutarlos. Hoy día, la mayoría de las personas se frustra fácilmente si se les acaba la batería o se desconecta el WiFi. ¡Sienten que su vida extravió el sentido y que están perdidos si no tienen acceso celular!

Entonces, la pregunta es: ¿cómo podemos, en este mundo tan cómodo, ejercitar nuestros músculos mentales para enfrentar la adversidad?

Como mencioné anteriormente, debemos **exponernos intencionalmente a ella**. Malcom X dijo que "no hay mejor maestro que la adversidad. Cada derrota, cada desamor, cada pérdida, contiene su propia lección sobre cómo mejorar tu desempeño la próxima vez". Así que la mejor manera de fortalecer tu carácter es buscar maneras de sumergirte en retos que ayuden a desarrollar resiliencia.

La semilla escondida

Todos hemos escuchado alguna vez la historia de la mariposa. La primera fase de su vida se la pasa arrastrándose por el suelo como gusano, sin ninguna señal de que algún día podrá volar. No es hasta el proceso de crear el capullo que comienza su transformación; pero aquí la pieza clave es el reto de salir del capullo.

Si observas detenidamente esa hazaña, te darán unas ganas enormes de ayudar a la pobre criatura. Se ve que sufre dando tirones y jalones, para salir de lo que pareciera una prisión, pero es sabido que, si le ayudas, si de alguna manera quieres salvarla del sufrimiento y le abres el capullo, estará destinada ¡a no volar jamás!

Parte de la preparación de sus alas majestuosas es la adversidad a la que tiene que enfrentarse durante la transformación. Asimismo, toma el ejemplo de una semilla. Para que el potencial escondido de ese diminuto ser haga realidad, ¡primero tiene que ser enterrada!

Puede pasar décadas en un costal, sin vida, sin propósito, pero cuando la enterramos y cubrimos con toneladas de tierra, la mantenemos incómoda en esa oscuridad. Es ahí donde puede empezar el proceso de germinar, donde tendrá que desarrollar la fortaleza de empujar la tierra para dar paso a su raíz, a sus primeros retoños, que algún día se transformarán en un árbol que producirá muchas otras semillas.

Hasta la naturaleza está diseñada para crecer sobre la base de fortalecer su entereza. Desde hace cientos de años se ha sabido que la sobrevivencia de la Humanidad está basada en "la ley del más fuerte". Desgraciadamente, cada vez nos convertimos en la especie más frágil. ¿Sabías que la mayoría de los mamíferos pueden sobrevivir sin su madre a días de nacidos? ¡Pero el ser humano todavía tiene a "bebés" de 40 años, viviendo en el sótano de los padres, para que no les vaya a dar algo a los pobrecitos!

Entonces, sin importar si tienes hijos o eres el hijo, la verdad es la misma. Necesitas enfrentar retos, y aún más importante, buscar retos que vencer, para aumentar tu capacidad de resiliencia.

Pelear hasta el último round

Imagina que tu capacidad de aguantar las tormentas de la vida, tu fortaleza mental, como le llaman los eruditos del desarrollo personal, es como una banda elástica: mientras más la estiras y más tensión le pongas, más va a dar de sí y aumentará su capacidad. Quizás pienses: "¿qué tal si la estiro de más y se rompe?". ¡Para nada!

Nuestra capacidad de soportar es infinita. Cada reto es como un juego de video, donde desbloqueas un nuevo nivel de ti. Es como legos. Cada obstáculo es una pieza más que puedes usar para levantar una base sólida para construir tus sueños. Ponte a pensar por un minuto: ¿qué tan fuertes tienen que ser los cimientos de un gran rascacielos si quieres ponerle cientos de pisos? Es evidente que, si son débiles, estarás limitando la altura a la que puedes llegar.

Entonces, después de establecer que el estrés no es siempre negativo, que la estrategia de evitar la adversidad y buscar a toda costa la comodidad son mentiras que nos dijimos a nosotros mismos, para convencernos de no sentir dolor, pero nos roban la habilidad de desarrollar fortaleza y resiliencia, entonces descubramos cómo crear ese músculo tan necesario para subirnos al cuadrilátero de la vida y pelear hasta el último round por nuestros sueños.

La primera estrategia para incrementar tu capacidad de resistencia ante la adversidad es **cambiar la percepción cuando te enfrentas a retos**. Vamos a explorar técnicas para cambiar tus binoculares. Así como al usar este artefacto, de manera convencional, todo se ve magnificado, te enseñaré a darles la vuelta y lograr ver los retos más pequeños, manejables, y menos imponentes.

¿Alguna vez te has percatado de que nuestra realidad no son las cosas que nos pasan, sino **las historias que nos contamos a nosotros mismos sobre las cosas que nos pasan?**

Así como lo oyes. Tú y yo somos los mejores guionistas de nuestra propia película. Cada escena la construimos dependiendo de cómo la percibimos. Imagínate que estás en un set de grabación y quieres hacer una escena de terror, pero, en lugar de ponerla a oscuras, la pones en colores vivos y brillantes; en lugar de ponerle música tenebrosa, le pones algo divertido; y en lugar de que los personajes salgan gritando, se ríen a carcajadas. Todo ese entorno no lograría transmitir miedo. ¡Seguramente daría risa!

Así mismo es nuestra vida. Toda la "ambientación" que ponemos a los capítulos de nuestro día a día, magnifica o aminora el impacto de la emoción que generará en nosotros. Y mientras menos intensa sea la emoción, menos se queda grabada en nuestra mente y cuerpo.

Reescribe tu historia

Está científicamente comprobado que cada célula del cuerpo reacciona a la intensidad de nuestras emociones, y mientras más intensa, más se queda grabada en las células. Así puedes ver a personas que pasaron por la misma situación, pero su manera de reaccionar es totalmente distinta.

Hay una historia popular que dice que al entrevistar a dos hijos de un padre alcohólico, le preguntan al primero por qué se volvió alcohólico, y él responde: "Porque siempre vi a mi padre beber". Al preguntarle al segundo hijo por qué no tomaba ni un trago de alcohol, respondió:

"Porque siempre vi a mi padre beber". Este es el claro ejemplo de cómo dos personas, expuestas a la misma situación, tomaron decisiones totalmente opuestas, dependiendo de su percepción.

Entonces, una de las estrategias que más me han servido a lo largo de los años para enfrentar la adversidad es reescribir mi historia, cada situación difícil que he pasado y me ha marcado. Me he tomado el tiempo de reescribirla y encontrar un contexto que me motive, me impulse y cause un efecto positivo en mi vida. Esto me ha ayudado a que esas experiencias no se fermenten, no se transformen en trauma ni queden grabadas en mi mente y corazón de manera negativa. Así que toma papel y lápiz y sigue estos pasos:

A. Primero, empieza por hacer un recuento de las situaciones de tu vida pasada que hoy día, cuando las recuerdas, siguen generándote una reacción física adversa. Esas que traes a tu memoria y te provocan un hueco en el estómago o un nudo en la garganta. Revives la sensación negativa como si estuviera pasando en ese momento. Todas son señales de que no las has sanado ni procesado. Y, si las dejas ahí, empezaran a infectar tu vida, tus decisiones, y finalmente tu destino.

B. Una vez que las tengas escritas, intenta reescribirlas, como si estuvieras relatando un cuento o novela, pero trata de darles un giro positivo. Al principio será complicado, muy probablemente te den ganas de llorar, gritar o salir corriendo, pero tómate tu tiempo. Este es el camino para escribir una mejor versión de ti. Se creativo, busca historias de personas que pasaron por algo similar y lo vencieron de la mejor manera. Escribe todo lo que te quedo bueno de esa experiencia, las lecciones aprendidas, las habilidades adquiridas, las personas que estuvieron ahí contigo. Sobre esa base, empieza a hacer varias versiones de esas escenas, hasta que des con una que te cause emociones más positivas.

C. Cuando la tengas perfeccionada, cada vez que la traigas a la memoria no invoques la versión original, sino la "remasterizada", la que intencionalmente escribiste. Y agrégale un toque de gratitud. Este es el ingrediente secreto para eliminar las malas sensaciones, ya que se dice que no puede existir un sentimiento negativo cuando llenas tu mente de gratitud.

Una vez trabajadas las historias del pasado, utiliza esta técnica antes de dormir, para **reescribir** las partes del día que no te gustaron. Si te peleaste con tu cónyuge, si cometiste un error en el trabajo, si tus hijos te hicieron el día imposible o si reprobaste un examen, date el tiempo en la noche de **escribir una mejor versión de los hechos. Repásala mentalmente antes de dormir**. El estado de sueño siempre permite que el subconsciente procese y archive tus vivencias, recuerdos, emociones y sentimientos más profundamente.

Quizá te parezca ridículo y, por la sencillez de la estrategia, te cueste creer que puede hacer la diferencia; pero cada vez que cometemos un error o pasamos por una situación difícil, siempre tendemos a repasar la escena mil veces en nuestra cabeza (este proceso es llamado rumiación). Nuestro cerebro está programado para enfocarse en lo negativo, más que en lo positivo.

Un enfoque mucho más positivo

Según el neuropsicólogo Dr. Rick Hanson, "la mente es como velcro para las experiencias negativas, y teflón para las positivas". Así que, si naturalmente vamos a repasar el evento, qué tal si le damos un enfoque mucho más positivo y así la emoción asociada lo imprimirá en nuestro subconsciente como un recuerdo que nos produzca mejores emociones.

Esta técnica me ayudó muchísimo a sobrellevar la muerte temprana de mi padre. Mi papi enfermó gravemente durante la pandemia de COVID-19 y me tocó a mí, como hija mayor, estar ahí en el momento que dio su último suspiro. Él solo tenía 56 años, jamás se esperó dejarnos tan joven. Y yo jamás imaginé ser testigo de algo así, ya que mi padre fue siempre un roble inquebrantable. Pero, esa noche, yo sabía que él se iría, podía sentirlo. Así que dije a mis hermanos que se fueran a descansar y yo me quedaría a velar su sueño en el hospital.

Algo dentro de mí me decía que, de alguna manera, yo podría manejar mejor esa experiencia, no quería que mis hermanos tuvieran que enfrentar este tipo de adversidad sin estar equipados. Así que me quedé yo. Y puedo decirte que me costó mucho poder reescribir esa historia. Pero, hoy día, sobre la base de los pasos que mencioné, cada vez que recuerdo la escena me llena de paz y alegría saber que pude honrar y acompañar a mi padre en sus últimos latidos. Poder sostener su mano y susurrarle al oído cuánto lo amé.

Reescribirlo tomó práctica y tiempo, pero te garantizo que gracias a ello me llevé en sus últimos momentos las mejores lecciones de vida, porque así decidí, intencionalmente, verlo.

Elegir retos

La siguiente estrategia es **exponerte a retos intencionalmente**. En mi experiencia entrenando a un sinnúmero de hombres y mujeres, altamente exitosos en diferentes ámbitos, he llegado a la conclusión de que la gente más triunfadora es aquella que ha hecho de los retos un hábito, al que se exponen intencionalmente hasta llegar a disfrutarlos.

Y es que existen dos tipos de retos, **voluntarios e involuntarios**. Los voluntarios los escoges tú. Intencionalmente eliges la intensidad y el propósito. Es como cuando vas al gimnasio: eliges poner tu cuerpo bajo condiciones incómodas, con la finalidad de fortalecerlo. Primero, defines el grupo de músculos que quieres trabajar; después seleccionas el peso adecuado (que sea retador, pero manejable para poder cumplir con tu rutina).

Y luego agregas mayor peso, intensidad y repeticiones, conforme se te va haciendo sencillo. Sabes que, una vez que el peso o la rutina se "sientan fáciles", ya no será efectivo el ejercicio. Es una señal de que el cuerpo entró en el tan llamado **"plateau" o estancamiento**.

Así es como las personas exitosas ven la vida, después de haberse expuesto intencionalmente a los retos hasta convertirlos en un hábito. Cuando la vida se siente cómoda, es una señal de estar estancados y ya no sienten que están creciendo. Entonces, comienzan inmediatamente a buscar un nuevo reto, para incrementar su capacidad de entereza física y/o mental. Esto se debe a que, a lo largo de su vida, se aseguraron de mantenerse siempre en constante crecimiento, eligieron intencionalmente exponerse a retos voluntarios, hasta que su medida de tenacidad se volvió bastante alta.

Esto hizo que construyeran un sistema mental automático que les permitiera reaccionar con más confianza. Su memoria les recuerda la sensación que experimentaron en el pasado, cuando lograron vencer sus batallas, y esto les da confianza para ganar la guerra.

Por el contrario, si jamás entrenaste la mente intencionalmente, a través de retos voluntarios, cuando te enfrentes a **retos involuntarios**, como un divorcio, una enfermedad o un despido, tu mente entrará en shock y no sabrá qué hacer. No tiene nada en la "base de datos" que te evidencie que sí puedes.

Si las últimas veces que enfrentaste un reto te diste por vencido, esto cimentara aún más una percepción de frustración y desesperanza. La vida no es más que una profecía autocumplida. Todo aquello que pensamos que es, se convierte en exactamente lo que esperamos. Como dijo Henry Ford, "ya sea que creas que puedes o que no puedas, tienes razón". Todo está en la manera en que la mente esté preparada para procesar la adversidad.

Ahora, la pregunta es: ¿cómo puedo exponerme a retos voluntarios? Esto, sinceramente, debe empezar por la niñez, pero si ya estás grandecito, aún tienes la oportunidad de desarrollar esa fortaleza mental. No te preocupes, te diré cómo.

Primero, lo más efectivo para crear resiliencia, sin tener que pensarle mucho (porque convencer a la mente es más difícil que convencer el cuerpo), es exponerte a **retos físicos**. Antes de poder sobrellevar cuestiones mentales, se empieza con el cuerpo. Las personas expuestas a una disciplina deportiva desde niños, tienen niveles mucho más altos de resiliencia que las que jamás jugaron algún deporte. Extenuar el cuerpo y someterlo a un método constante expande nuestra capacidad de aguantar la presión, la adversidad, el desánimo y las derrotas.

Siguiendo la línea de primero empezar por lo físico, siempre recomiendo someterte y someter a nuestros hijos a tareas manuales **retadoras**, antes que de tareas mentarles de igual naturaleza. Involucrar todos los sentidos activa muchas más partes del cerebro que si solo estimulamos la mente.

Por eso, a mis hijos les doy responsabilidades en casa que los expongan a trabajo extenuante (a la medida de sus edades, por supuesto). Por ejemplo, podar el pasto, barrer la acera, lustrar los carros. Toda tarea tediosa y que ponga al cuerpo en incomodidad genera un nuevo nivel de resiliencia, tanto física como mental.

Mis hijos también juegan deportes de alto rendimiento, lo cual les produce incomodidad física como calor, sudor y músculos adoloridos, al igual que incomodidad mental. Muchas veces se frustran con sus compañeros de equipo, con su propio desempeño, con las instrucciones de los entrenadores, la oposición de los contrincantes o los aficionados. Así aprenden a procesar las derrotas.

Muchos estudios apuntan que personas con un historial de deportes de alto rendimiento, que estuvieron en la vida militar o fueron primogénitos, tienen un potencial más alto de convertirse en altamente exitosas en sus carreras, por el nivel de tenacidad, fortaleza mental y resiliencia al que se expusieron a través de la adversidad enfrentada desde pequeños.

Teoría que confirma, por ejemplo, el profesor José Luis Bosch, de OBS Business School, en una entrevista con el diario "El País": "Los exolímpicos son buenos dirigiendo equipos de alto rendimiento, porque saben que sufrirán lesiones y momentos difíciles, pero también saben levantarse y superar con éxito las frustraciones".

Además, esto también sucede a la inversa. Como recuerda el libro "Mitos del Coaching Deportivo", Michael Jordan se alzó victorioso nuevamente, después de perder a su padre y ausentarse del baloncesto durante casi dos años. Michael Phelps ganó seis medallas en unos Juegos Olímpicos, tras luchar públicamente contra las drogas y sus problemas de salud mental. Todo esto demuestra que el deporte de élite está lleno de historias de atletas de alto perfil que han superado dificultades y adversidades significativas en todas las facetas de la vida.

En resumen, podemos decir que:

Los retos voluntarios producen:

Confianza, entereza, perseverancia, disciplina, fortaleza mental y resiliencia.

Los retos involuntarios producen:

Desesperanza, frustración y desanimo.

Mi consejo es buscar intencionalmente exponerte a más y más retos voluntarios. Por ejemplo, someterte a un nuevo régimen alimenticio o deportivo, proponerte correr una maratón o comprometerte a entrenar alguna disciplina deportiva por un periodo consecutivo de tiempo. Después que hayas conquistado alguno de estos desafíos, continúa con retos mentales: tomar un posgrado, aplicar para un empleo que requiera otro nivel de responsabilidad, etcétera...

Entre más crees el hábito de buscar nuevos retos, más adictivo se vuelve y más fortalecerás innumerables áreas de tu vida. Esto te hará inmune a la adversidad y más propenso a alcanzar el éxito en lo que te propongas. Las pequeñas victorias se acumulan como piezas de lego hasta llevarte a los más grandes triunfos.

El gran papel de tus contrincantes

La siguiente estrategia es buscarte un Némesis. Como en toda buena historia de acción, todos necesitamos un "Némesis", un contrincante, alguien con quien competir. Las estadísticas demuestran que los mejores deportistas del mundo se hicieron grandes porque compartieron su época con otro gigante en la misma disciplina: siempre les estuvo pisando los talones y los mantuvo corriendo hasta la cima.

Piénsalo por un minuto. El David de la Biblia jamás se hubiera hecho rey sin un Goliat que derrotar; el gran tenista Roger Federer jamás hubiera sido tan bueno si no existiera Rafael Nadal; Cristiano Ronaldo no se hubiera esforzado tanto si no hubiera nacido en la misma época que Lionel Messi; o simplemente Steve Jobs no hubiera sido tan creativo, sin tomar como inspiración a Bill Gates.

Como puedes ver, hay que aprender a apreciar el gran papel que juegan tus contrincantes en esa gran película llamada vida. Si no, imagínate qué aburrido. No existe película de acción que no cuente con un villano, incluso en las de Disney. Son la Úrsula, la madrastra y la reina de corazones las que dan sabor a la historia.

Así que, cuando encuentres la adversidad vestida de oponente, de alguien que te hace la vida de cuadritos, no te quejes, no desistas, no le saques la vuelta. Ellos han sido puestos en tu vida con un propósito. Son la lija con la que, cual diamante, la vida te va puliendo.

Existe una cómica historia, de un restaurante muy famoso en Nueva York, que quería distinguirse por el pescado "cod" (bacalao, una especie muy lujosa de pescado) más fresco de toda la ciudad. Por mucho tiempo lo intentaron todo, hasta volar los peces vivos en un helicóptero, para que mantuvieran su frescura. Sin embargo, por alguna razón, al llegar a Nueva York, su carne ya no era suave, sino que se volvía como una masa de textura granulada.

Hasta un día, que cayeron en cuenta de que el predador natural del bacalao era el pez gato. Así que se les ocurrió poner uno en el tanque que los trasportaba en el helicóptero, para mantener corriendo a todos los peces cod. Fue simplemente de esta manera como lograron mantener su firmeza, desde el mar hasta la mesa, porque su adversario natural los hacía nadar sin parar, lo cual los mantenía en estado óptimo.

Así, de igual forma, debemos agradecer y buscar dignos oponentes. Tenemos que crear el hábito de competir, porque nos desarrolla entereza y fortalece nuestro carácter. La siguiente vez que te enfrentes a un compañero de trabajo insoportable, o a una suegra que te tiene entre ceja y ceja, ponte a pensar cuál área de ti quiere fortalecer la vida, al enviar a tu película tal contrincante.

Liberar la energía negativa

El siguiente paso es **aprender a dejar ir, ser flexibles, fluir.** La adversidad nos llegará a todos, pero lo importante es aprender a "catch and release", a enfrentar la adversidad con lo que podemos controlar, y lo demás... ¡soltarlo!

El estrés, como ya lo vimos anteriormente, puede ser algo positivo si lo percibimos de la manera correcta o tomamos la medida adecuada. Es importante no enfrascarnos en la adversidad por mucho tiempo.

¿Has observado alguna vez a los animales cuando pelean? Un día vi a un par de pájaros dándose de picotazos, pero al final hicieron algo muy curioso: se sacudieron las plumas. No se trata de una coincidencia. Esa técnica la utilizan un sinnúmero de criaturas del reino animal, para liberar la energía negativa que les quedó en el cuerpo después de la contienda. ¡Pues ya pasó! Ya no la necesitan. Instintivamente, saben que si no la liberan, se quedará estancada en su cuerpo y permeará negativamente su salud.

Hoy día, la ciencia estudia más el efecto de las emociones negativas en nuestra salud. Desgraciadamente, los seres humanos, aun siendo tan evolucionados, somos los que tenemos más problemas para "dejar ir".

El libro "Por qué las cebras no padecen de úlceras", del científico Robert M. Sapolsky, afirma que estos animales tienen una capacidad increíble de liberar el estrés en tiempo récord. De hecho, Sapolsky asegura que solo ciertos primates, que se encuentran en la escala más baja de la cadena alimenticia, tienden a aferrarse a las emociones negativas. Entre ellos estamos los humanos. Así que, en lugar de querer evitar el estrés, sacarle la vuelta a la adversidad y buscar a toda costa la comodidad, mejor aprende a ser más flexible, a enfocarte en lo que puedes controlar. Y lo demás, como dijo Elsa, la de Frozen, "Let it Go".

No te sabotees

Finalmente, mi último consejo es: aprende a **convertirte en tu fan número uno**. Me refiero a que aprendas a ser la persona que está en tu esquina del cuadrilátero, a ser quien te alienta, la que te impulsa y cree en ti primero que los demás. Déjame decirte que esto no es tarea fácil. Tenemos una tendencia a ser nuestros mejores críticos. De hecho, en mi experiencia, la ruina de muchas personas que nunca llegan a alcanzar el éxito es porque hacen un excelente trabajo en sabotearse a sí mismos.

Y es que todos llevamos dentro un **dialogo interno.** Es ese "cuchicheo" constante en nuestra mente, que nunca se calla. Y es que nuestros cerebros aún están diseñados para la supervivencia y las alarmas siempre se encienden a la menor sospecha de que estamos en peligro. El diálogo interno siempre tratará de convencernos de lo que sea, con tal de protegernos del dolor, de las derrotas o de enfrentarnos a nosotros mismos.

La clave está en entrenar al pequeño "pepe grillo", como en la película de Pinocho. Porque la guerra interna siempre existirá. Así como coloquialmente se nos ha enseñado que tenemos dos vocecitas en la conciencia, una buena y una mala, debemos aprender a fortalecer la buena para que se vuelva más fuerte.

Una antigua leyenda de la tribu Cheerokee narra que un niño hablaba con su abuelo sobre ciertas cuestiones de la vida. Entonces, el abuelo le contó:

—Está ocurriendo dentro de ti una gran batalla. Se trata de una lucha terrible. Una lucha entre dos lobos.

—¿Dos lobos? —preguntó el nieto.

—Sí. Uno de los lobos es el mal: es el temor, la ira, la envidia, la codicia, la arrogancia, el resentimiento, la mentira, la soberbia, la culpa.

El otro es el bien: es la alegría, la paz, el amor, la esperanza, la humildad, la generosidad, la verdad, la compasión, la dulzura y la fe. Esta misma pelea ocurre dentro de cada uno de nosotros.

El niño quedó pensativo. No entendía bien lo que había querido decir su abuelo, pero volvió a preguntar.

—¿Qué lobo ganará la batalla?

El anciano miró a su nieto fijamente y contestó:

—**El que alimentas.**

Así que debes aprender a alimentar al lobo bueno, al que te alienta, confía en ti y no se rinde. Y quizá, te preguntes cómo puedes hacerlo. Pues, escribiendo tú mismo el guion que quieras que te dicte, a cada paso, este personaje tan importante de tu vida.

Como un disco rayado

Te recomiendo que **escribas una serie de afirmaciones** para ti mismo, y las leas en voz alta todos los días con mucha convicción. Esto empezará a permear tu mente con una imagen más positiva de ti mismo. Y cada vez que enfrentes algún reto, tu mente accederá a esa información. Tu diálogo interno será como un disco rayado, que te dirá una y otra vez lo que ya te has dicho a ti mismo repetidamente.

Según la Fundación Nacional de Ciencia, el 80% de nuestros pensamientos diarios son negativos y el 95% de nuestros pensamientos, son repetitivos. Si logramos convertir las afirmaciones positivas en los pensamientos repetitivos a los que accedemos diariamente, el diálogo interno nos convertirá en nuestro fan número uno. Y si tú aprendes a creer fervientemente en ti mismo, será muy difícil que alguien pueda convencerte de lo contrario.

Ahora, te recomiendo que las afirmaciones tengan bases en la fe. Déjame decirte que hay un sinnúmero de afirmaciones contenidas en la Biblia, que Dios mismo declaró acerca de ti. Si el ser que te creó dice cosas tan maravillosas de ti, quién somos para no creerle. No hay nadie que te conozca mejor a ti y lo que hay dentro de ti, ¡que tu propio diseñador!

Esto te lo recomiendo, no porque me crea muy espiritualoide, sino porque existe un término científico llamado la **"coherencia del corazón o coherencia cardiaca",** que puede ser medida por aparatos médicos. Se define como un estado sincronizado, física, emocional, mental y espiritualmente, que nos permite convertirnos en nuestra mejor versión.

Esta teoría establece que si repites algo solo a nivel cerebral, sin que lo creas espiritualmente, no llega a penetrar tu mente lo suficiente como para reprogramar los patrones de pensamiento y quedarse impregnado en tu subconsciente. Pero, si lo dices en tu consciente y a su vez lo puedes sentir como verdad en tu espíritu, logrará reprogramar el subconsciente hasta que las afirmaciones se graben como la verdad absoluta.

Aquí te dejo un par de mis afirmaciones favoritas, que tomé prestadas al gran escritor Joel Osteen:

- **Las bendiciones me persiguen**
- **El creador del Universo me llama su obra maestra**
- **Soy saludable**
- **Soy bendecido**
- **Soy capaz**
- **Soy victorioso**
- **No me comparo, me celebro a mí mismo**
- **Tengo semillas de grandeza en mí**
- **Estoy destinado a dejar mi huella en esta generación**
- **Las fuerzas que están a mi favor son mayores que las fuerzas que están en mi contra**
- **Sé que lo mejor está por venir**

Yo, personalmente, las he repetido todas las mañanas y las noches por décadas, y mis favoritas las repito con mis hijos desde que eran bebés. Son las siguientes: "Soy más que vencedor, todo lo puedo en Cristo que me fortalece", "Si Dios está conmigo, quién contra mí". Imagínate estar armado con todas las verdades acerca de ti, ¿cómo no te vas a convertir en tu fan número uno? ¿Cómo no enfrentarías la adversidad con otra actitud, sabiendo que la victoria está garantizada?

Semilla de grandes oportunidades

Para terminar este capítulo, quiero que desenmascares la mentira de que la adversidad es como la peste, que tienes que evitar a toda costa, que el dolor y el estrés son cuestiones que debemos erradicar en pro de las siguientes generaciones. Absolutamente errado. Vamos dándole la importancia que merece, enseñándole a las nuevas generaciones que la adversidad es la semilla de la cual germinan las más grandes oportunidades.

Vamos equipándolos no solo para sobrevivir, sino para sobresalir en medio de la adversidad, con la confianza de saber que, en este gran rompecabezas llamado vida, cada pieza encaja en su lugar, cada reto lleva consigo la lección que necesitamos desbloquear para el siguiente nivel de nuestro destino.

Como dice **Romanos 8:28**, "y al final, todas las cosas nos ayudan para bien". Así como lo oyes, **todas**, incluyendo los retos, las batallas y hasta las derrotas. La clave está en aprender a buscarlas, enfrentarlas e interpretarlas, pero no en evitarlas.

Capítulo #05

LA MENTIRA ACERCA DEL TIEMPO

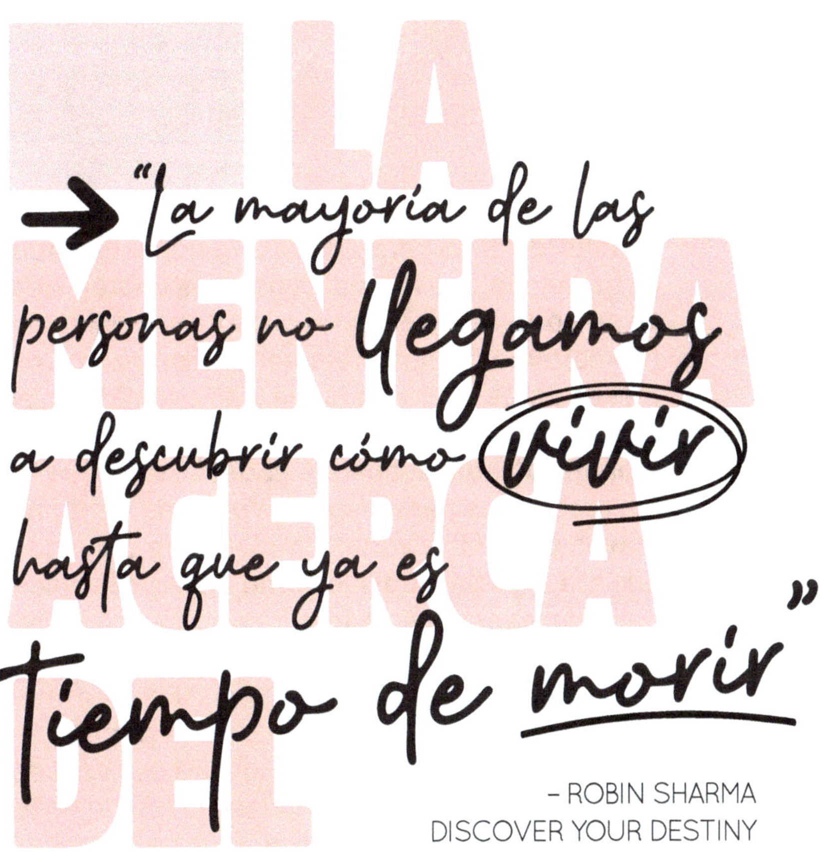
LA
MENTIRA
ACERCA
DEL
"La mayoría de las personas no llegamos a descubrir cómo vivir hasta que ya es tiempo de morir"
– ROBIN SHARMA
DISCOVER YOUR DESTINY

TIEMPO

Un día frío de enero de 2020, yo corría apresurada por los pasillos de un aeropuerto, al lado de mis dos hermanos menores, rumbo a mi ciudad natal. Había recibido una llamada de mi madre diciendo que sería buena idea que fuéramos a ver a papá al hospital. No nos dijo nada más, pero inmediatamente sabíamos que algo no estaba bien.

Mi madre jamás verbaliza sus miedos. Ella nunca ha dejado que las malas noticias cobren vida en su boca, así que la brevedad de sus palabras nos estremeció inmediatamente el corazón. Dos meses antes, mi padre había sido admitido en el centro de especialidades de enfermedades pulmonares. Nadie sabía qué padecía, solo que tenía problemas para respirar. Yo, como hermana mayor, decidí ir a verlo, simplemente creyendo que era algo tan sencillo como un mal resfriado o quizás hasta ansiedad.

Mi padre tenía solo 56 años. En mi mente, aún le quedaba tiempo. Cuando lo vi en esa ocasión, aún reía. Me dijo que para Navidad ya estaría más que listo y que por fin se mudaría cerca de nosotros. Y así lo dejé durante ese viaje, con muchas ganas de vivir y con tantos sueños por cumplir.

Por más de una década, cuando emigre a Canadá, cada año le decía a mi padre que se mudara con nosotros, y él, todo un hombre de antaño, recio, fuerte y extremadamente trabajador, siempre me respondía: "una vez que me retire, empezaré a disfrutar de mi tiempo".

Después tuve hijos, fui la primera en convertirlo

en abuelo, y le seguí rogando que dejara todo e iniciara una vida nueva al lado de sus nietos. Él siempre decía: "ya soy muy viejo para empezar de nuevo, una vez que me retire, me quedará tiempo". Pero, una mañana fría de enero, llegamos mis hermanos y yo a verlo, y mi papi ya jamás despertó. Su cuerpo aún estaba, conectado a las máquinas, su corazón aún latía, pero las esperanzas se acababan con cada aliento.

Por un lado de su cama, mi papi tenía un pequeño cuadernito arrugado. Me senté a su lado por muchas noches a velar su sueño y comencé a leer lo que había plasmado en sus páginas. Por días innumerables, mientras aún estaba despierto, mi padre se había dedicado a escribir todos los sueños que aún llevaba dentro.

Él le escribía a Dios, pidiéndole que le regalara más vida para poder conocer a sus futuros nietos, entregar a mi hermana más pequeña en el altar, poder por fin mudarse con nosotros y empezar de nuevo. Pero al llegar al final de esas hojas, ya no hubo más sueños. Y no es que se le hubiera acabado la tinta o las páginas. Simplemente, se le acabaron los suspiros, se pararon sus latidos y se nos acabó el tiempo.

El mayor embustero

Quizás te preguntes por qué te comparto todo esto. Pues, porque en este capítulo tan triste de mi historia, aprendí, de esos sueños que murieron junto con mi padre, la lección más grande de mi vida. En sus últimos momentos comprendí la importancia de no llegar al final de nuestros días para aprender realmente a vivir.

Fue ahí donde me convertí en espectadora en primera fila de la tragedia más grande que hoy día asedia al mundo entero: vivir sin saber vivir, dejar nuestros sueños para después, todo con la excusa de que no era el momento, hasta que un día, finalmente, sin esperarlo, se nos acaba el tiempo.

Quiero que te preguntes a ti mismo: ¿cuántas personas crees que hoy día están esperando el mañana para poder disfrutar el ahora? ¿Cuántas personas en el mundo están esperando por fin retirarse para comenzar realmente a vivir? Y mejor aún, ¿cuánto valor le das al tiempo?

Déjame decirte que este personaje, el tan temido señor tiempo, ¡es el mayor embustero! Es el ladrón más grande de sueños, que te mantiene pensando que no hay prisa, que aún falta mucho. O el que te engaña diciéndote que ya es demasiado tarde, que para que intentarlo si ya no es el momento.

Hoy día, lo hemos convertido en un dictador que simplemente emite una sentencia: o eres demasiado joven o ya eres demasiado viejo, o el tiempo va demasiado rápido o se mueve demasiado lento. Y todo esto nos mantiene estancados, paralizados, sin poder dar el primer paso.

En este capítulo vamos a descubrir juntos ciertas lecciones que te ayudarán a suspirar de alivio, sabiendo que el reloj que llevas dentro, desde el día en que naciste, tiene la cantidad suficiente de granitos de arena para cumplir la misión para la cual llegaste. Y es que cuando realmente logras entender a ese personaje tan importante de nuestras vidas, pasa de ser tu amo a tu aliado. Si aprendes a usarlo apropiadamente, se convierte en tu mejor recurso para alcanzar todos tus sueños.

La primera mentira que debemos desenmascarar es la de que simplemente **"no tenemos tiempo"**. Esta se ha convertido en la excusa favorita de las generaciones actuales para todos sus males, desde no terminar una carrera, emprender un negocio, formar una familia o cuidar de nuestros cuerpos. Todo lo culpamos al siniestro villano llamado tiempo, pero la realidad es que las nuevas generaciones hacen de todo, menos manejarlo adecuadamente. Viven presos, ya no del pasado, ¡sino del futuro!

Preocupados y apresurados por el siguiente capítulo, sin detenerse a construir el presente, viven agobiados y exhaustos, persiguiendo el mañana, cuando se les olvida que **"mañana" es producto de lo que hacemos "ahora"**.

La norma: andar de prisa

Lo primero que debemos entender es que el problema no es el tiempo o la falta de tiempo. El gran enigma lo encontramos en **nuestra percepción del tiempo**, que ha ido cambiado a través de la historia. La brecha entre cómo pasa el tiempo y cómo lo experimentamos los seres humanos, ha sido el campo de estudio favorito de científicos y psicólogos por más de 150 años.

Pioneros en psicofísica como Gustav Theodor Fechner y Ernst Heinrich Weber cimentaron las bases para esta línea de investigación en el siglo XIX, al explorar las complejidades de la percepción humana. Y es que, si le preguntáramos a nuestros abuelos, padres e hijos cómo sienten que va pasando de rápido o lento, podríamos darnos cuenta de que cada generación ha ido "perdiendo" vida y parece ir más acelerada. Hemos convertido el "andar de prisa" en la norma.

En la antigüedad el misterioso personaje era definido como **tiempo natural**. Nuestros cuerpos estaban guiados por la misma naturaleza que nos creó. El único concepto que teníamos de cómo pasaba el tiempo era siguiendo los ritmos naturales de la vida: despertábamos con el sol, dormíamos con la luna, trabajamos más y nos manteníamos ocupados durante los veranos, porque los días era más largos. Descansábamos en el invierno, porque los días eran más cortos. Ahí nadie andaba de prisa, la vida misma daba la pauta, pero ahora son ¡los medios y la tecnología los que nos marcan el paso!

Nuestro primer encuentro con este nuevo concepto del tiempo sistemático fue alrededor de 1370, cuando se construyó la primera torre de reloj público. La humanidad empezó una compulsión por mirar las manecillas para dirigir su vida, en lugar de dejarse guiar por el minutero natural que todos llevamos dentro.

Desde ese punto comenzamos a enfocarnos en lo "urgente", en lugar de definir qué es lo realmente importante. Tal como la liebre de Alicia en el país de las maravillas, se nos va la vida corriendo por todas partes, pensando que ya vamos tarde.

Y es que el verdadero problema con el tiempo no es que no tengamos suficiente, sino simplemente que no contamos con una percepción clara de cuánto "mucho o poco" tenemos. Así que vamos por la vida malgastándolo, por no entenderlo.

Mucho dormir y pocas vacaciones

Para darte una mejor perspectiva, déjame presentarte un par de estadísticas que te ayudarán a dar el valor que se merece cada segundo de tu vida:

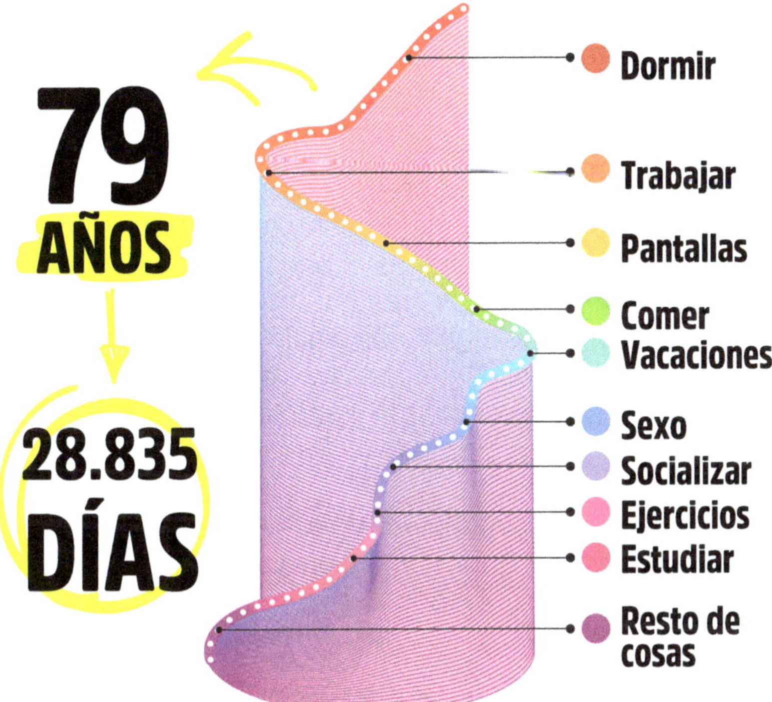

La actividad en la que pasas la mayor parte de tu vida es dormir. Pero, ¿cómo se compara con trabajar, socializar y reír? Cada cuenta representa un año.

Como promedio, el ser humano moderno vive alrededor de 79 años. De ese tiempo, según investigaciones británicas, pasamos alrededor de:

- 33 años ¡durmiendo!
- 13 años y 2 meses trabajando
- Aterradoramente. 11 años con 4 meses en nuestros aparatos electrónicos, llamémosle televisor, celulares, tabletas...
- 4 años y 6 meses comiendo

Otro dato bastante desalentador es que solo pasamos de vacaciones, en teoría, tres años, un mes y tres semanas.

Espero que estos datos creen una imaginen más ilustrativa, que te ayude a darte cuenta de que la balanza con la que medimos nuestras prioridades está bastante desalineada. Y luego nos preguntamos por qué la sociedad ha desarrollado esta epidemia de andar de prisa, de personas cansadas, estresadas y abrumadas, porque sienten que simplemente no tienen tiempo para las cosas que importan en la vida.

Si revisamos por un momento las estadísticas anteriores, ¿no te parece aterrador que pasemos más de 11 años de nuestra vida en el mundo virtual, perdiéndonos de las maravillas del real?

Tranquilo, no eres el único. Todos padecemos de este mal: ¡robar nuestro tiempo es un gran negocio hoy día! Las compañías de mercadotecnia y medios de comunicación nos han infectado con una cantidad de aplicaciones "gratuitas" que felizmente descargamos, pensando que son inofensivas. Déjame decirte algo, ¡nada es gratis! **Nos hemos convertido en el producto que ellos venden al mejor postor**. Nuestro tiempo, el cual no regresa, es el precio que pagamos por el entretenimiento.

Y es que, sin lugar a dudas, la tecnología no solo nos consume el tiempo, sino que a la vez no nos permite **percibirlo correctamente**, y nos ha robado la capacidad de crear paciencia. No me digas que no. ¿No te da vueltas la cabeza cuando vez esos tres puntitos que aparecen cuando alguien te está escribiendo un mensaje de texto, o el circulito que gira mientras esperas que alguna imagen se descargue en tu celular?

Estoy segura de que ¡te dan ganas de aventar el dispositivo por la ventana! Nos hemos convertido en seres ¡altamente impacientes! Ese músculo de la paciencia no lo has usado en décadas, porque ahora no tienes que pasarte dos horas cocinando para tener una cena deliciosa. Solo buscas una aplicación en el teléfono y llega mágicamente en 15 minutos.

Ya no tienes que pasar todo un domingo lavando la ropa a mano y pidiéndole a Dios que no llueva. Ahora solo llenas la maquinita mágica y esperas impacientemente el "beep" que te avisa que ya es tiempo de pasarla a la secadora.

Así, ¿cómo vamos a enseñar a las nuevas generaciones a no andar de prisa, si ni siquiera quieren ir al cine porque no pueden ponerle "skip" a los comerciales o darle "fast forward" a las escenas aburridas y ver cuánto le falta a la película?

Aun así nos preguntamos por qué la gente desiste tan pronto de sus metas, por qué se rinde cuando las cosas no pasan tan rápido como desean, por qué los jóvenes no perseveran, ni en las relaciones, ni las profesiones, ni en la vida.

El abismo negro

Hay un sinnúmero de estudios que hablan sobre la razón por la cual las compañías detrás de las redes sociales tienen un enfoque tan estricto en limitar la cantidad de caracteres y segundos en los videos y contenidos en línea: quieren asegurarse de que la atención sea limitada. Simplemente, que se mantenga un flujo constante de pequeñas cantidades, para que el cerebro se inunde de dopamina, tal como una droga, hasta que no puedas operar más sin ella y moneticen tu mente.

Quiero pensar que, originalmente, el propósito de los avances en la tecnología era "crear tiempo", pero en la actualidad, en lugar de regalarnos vida, se han convertido en un abismo negro donde perdemos la mayoría de los preciados segundos de nuestra existencia.

¿Sabías que, como promedio, accedemos a nuestros teléfonos celulares alrededor de 2.620 veces al día? Así, ¿cómo nos va a quedar tiempo para perseguir nuestros sueños? ¿Cómo no se nos va a pasar el tren, si mantenemos la cabeza mentida en las redes tanto tiempo que se nos olvidó a donde íbamos y en que estación bajarnos?

Entonces, no tener suficiente tiempo es una total mentira. El problema es que **¡no sabemos cómo manejarlo!** Nos hemos convertido en observadores de la vida de los demás, en lugar de protagonistas de nuestra propia historia. Pasamos horas interminables echándole un vistazo a la vida de otros a través de las redes y "seleccionando" las partes de la nuestra que queremos mostrar a los demás.

Nos la pasamos editando, cortando y pegando las piezas del día a día que lucen mejor, para aparentar una vida de ensueño, en lugar de utilizar el preciado tiempo en crear la vida de nuestros sueños.

Si no me crees, o si piensas que estoy exagerando, échale un vistazo a tu celular. En la sección de configuración puedes encontrar un contador de tiempo, que permite ver cuántas horas dedicas a diversas aplicaciones de tu dispositivo móvil. Seguramente te sorprenderá la cantidad abrumadora de tu día que se va en mantenerte "conectado" con el mundo a través de las redes sociales, textos e emails, dejándote totalmente desconectado de las cosas que sí valen la pena.

Lo urgente y lo importante

Lo primero que debemos enseñar a las nuevas generaciones es valorar el tiempo. La manera más efectiva es definir prioridades, a **diferenciar lo urgente de lo importante.** En la siguiente gráfica te muestro una manera visual de analizar todas esas actividades que ocupan tu tiempo:

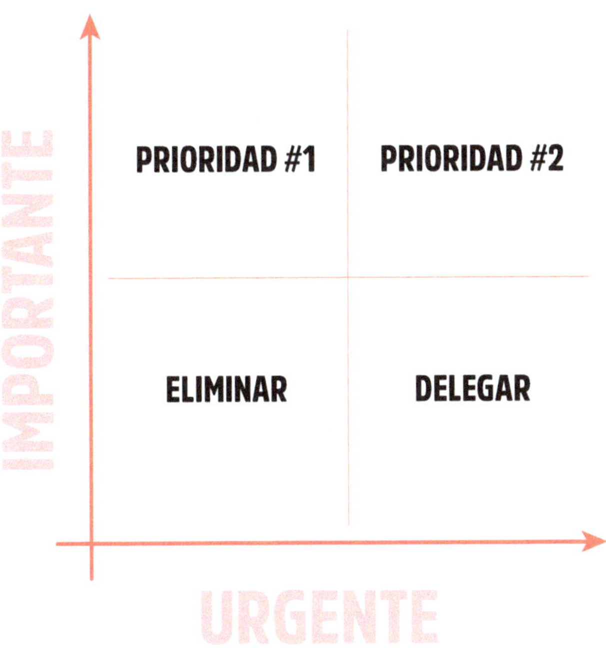

¿Alguna vez te has preguntado cómo otras personas logran hacer tantas cosas en un día y a ti no te alcanza ni para darte una ducha? ¿Cómo es posible que todos los seres humanos contemos con las mismas 24 horas, pero pareciera que algunos pueden parar y estirar el tiempo?

La gente más exitosa es aquella que logra maximizar sus días, y esto lo hacen a través de tener muy claras sus prioridades.

¡Así de simple!

Tómate tiempo para **categorizar** las cosas que "quieres o debes" hacer. Si algo es altamente urgente, y a la vez importante, esta deber convertirse en tu prioridad #1.

Si la actividad es importante, pero no tan urgente, muévela a segundo término de importancia. Si es urgente, pero realmente no tan importante, trata de delegarla. Y finalmente, si no es importante ni tampoco urgente, ¡no vale la pena tu tiempo! No te sientas culpable y ¡elimínala!

La siguiente mentira que debemos eliminar de nuestra mente es **la idea de que somos demasiado jóvenes o demasiado viejos para dar el primer paso.** Y es que una de las razones por las que considero que existe hoy día tanto estrés y presión sobre el tiempo, es porque vivimos en un estado constante de **fricción**.

Existe siempre un gap entre dónde estamos y dónde "pensamos" que deberíamos estar en esta etapa específica de nuestra vida. Esto causa un descontento profundo, una sensación de inconformidad crónica que es peculiar del ser humano. Se ha ido agudizando gracias a la tecnología y a las redes sociales, porque nos mantienen comparándonos constantemente.

La media nos ha hecho creer que si no somos millonario a los 30 años, estamos condenado a ser unos fracasados. Si Mark Zuckerberg y las Kadarshian ya son billonarios y aún no tienen ni arrugas, **"entonces seguramente ya eres demasiado viejo".**

Pero, por el otro lado, tan solo pensar en casarte a los 20 te revuelve el estómago. Y ni hablar de tener hijos. En tu mente **"aún eres muy joven",** tienes tiempo ilimitado para viajar por el mundo, intentar ser artista, salvar a las ballenas y encontrarte a ti mismo. Así que vivimos atrapados en esa dualidad, quedándonos atorados en medio de dos conceptos: **"me creo muy joven hasta que ya me siento viejo".**

Desgraciadamente, la mayoría de las personas, despiertan alrededor de los 50 a una triste realidad. Ya sea que sienten que se les pasó el tren o se confundieron de estación. Voltean atrás y se dan cuenta de que no construyeron nada, o que vivieron tan deprisa que lo que hicieron no era realmente lo que buscaban.

Desgraciadamente, jamás se dieron la oportunidad de tomar una pausa y redefinir sus prioridades. Así que simplemente tiran los brazos al aire pensando que es demasiado tarde para tratar de empezar de nuevo. Y esto no sucede solo a las nuevas generaciones, sino a todos.

Un estudio doctoral de la Universidad Católica de Murcia (España), titulado "Ansiedad ante la muerte en el sujeto anciano", determinó "la preocupación por el tiempo perdido" como uno de los factores hallados en la investigación. En este mismo sentido, el científico de datos Mikael Polsen ha estudiado los mayores arrepentimientos de las personas al borde de la muerte. Entre ellos:

No haber tenido el coraje suficiente para vivir su propia vida.

No haber pasado más tiempo con su ser querido.

No haberse cuidado más y mejor.

Haber pasado tanto tiempo trabajando.

No haber disfrutado más de la vida.

La presión de la vida moderna sobre el tiempo causa más ansiedad y estrés que jamás en la historia de la humanidad. Es como si todos lleváramos un péndulo gigante en la espalda, que nos mantiene corriendo sin detenernos para ver siquiera a dónde vamos.

Fuera de categoría

Recientemente, tuve que recapitular mi propia percepción sobre este concepto cuando me nominaron a los premios "40 under 40" o "los cuarenta debajo de cuarenta". La idea de esos galardones ha sido usada por numerosas organizaciones, incluyendo a "Forbes", "The New York Times", etcétera. Su premisa es reconocer a personalidades de diferentes disciplinas por sus triunfos y éxitos antes de cumplir los 40 años.

Así que, cuando recibí la llamada, estaba brincando de emoción, hasta el minuto en que la persona al otro lado del teléfono me preguntó la fecha de nacimiento. Cabe señalar que, mientras escribo este libro, aún no tengo 40.

En cuanto le mencioné mi mes y año de nacimiento, ¡fue como si le hubiera dicho que tenía 80! Inmediatamente me dijo: "Oh, lo siento mucho. Para la fecha en que las votaciones sean finalizadas y la gala de premios sea agendada, ya estarás fuera de la categoría".

O sea, ¿quiere decir que todas las razones que dio por las que merecía ser nominada, los éxitos, los triunfos, las batallas ganadas y el impacto en la comunidad no contaban porque ya era demasiado vieja? ¡Todo porque me sobraron un par de días en su contador de la vida! ¡Imagínate nada más eso!

Para mí, no tenía sentido. De primera instancia, pasé por

la indignación: ¿cómo que soy demasiado vieja? Por otro lado, pensé en falsificar mi acta de nacimiento y llamar a la señorita de regreso, para poder ser nominada. Pero, fuera de broma, después de mis cinco minutos de "casi" fama y desilusión, empecé a reflexionar sobre el fenómeno de nuestra época: una gran cantidad de personas vive agobiadas, no por la falta de tiempo, sino por la **"percepción colectiva del tiempo".**

Aun cuando encontramos innumerables historias como el Capitán Saders, creador de la cadena KFC, cuya historia de éxito al convertirse en millonario a sus 60 ha inspirado a millones de personas. O como J. K. Rowling, la autora de Harry Potter, quien terminó la famosa serie a los 42 años. Aun así hemos creado una relación negativa con el tiempo. Llevamos la presión invisible de vivir de prisas, culpando no a nuestra incapacidad de tomar acción, sino a la excusa perfecta de no tener suficiente tiempo.

En una película llamada **"In Time",** de 2011, vemos cómo el actor Justin Timberlake vive en una era en la que todo es pagado con "minutos". La gente literalmente lleva un contador de vida en el antebrazo para contabilizar los minutos ganados con el trabajo.

A su vez, pagan con "tiempo". En la trama de la película, las personas están dispuestas a cometer cualquier cantidad de crímenes para agregar la mayor cantidad de años a su vida. En ese futuro de ciencia ficción, no hay nada más preciado que el tiempo.

Que cada minuto cuente

La historia, por más ficticia que parezca, nos muestra, de una manera un tanto exagerada, la realidad en que vivimos. Todos llevamos un contador de vida desde el día en que nacimos. El problema es que, a diferencia de la película, nadie puede agregarle más años. El secreto es aprender a "poner más vida a los años", haciendo que cada minuto de nuestra existencia cuente.

Desgraciadamente, la mayoría de las personas en la actualidad desperdician una gran porción de sus vidas tratando de encontrar el momento correcto, sin entender que el "momento perfecto" simplemente ¡no existe!

Los sueños se construyen sobre la base de un cúmulo de momentos imperfectos, donde incluso en el caos, decidimos intentarlo. Seguramente has tenido esta idea en la mente, pero te la pasas cuestionándote, por tiempo interminable, si tienes la experiencia, los recursos o el talento. Y después volteas y alguien más ya lo está haciendo.

Muy probablemente, ese alguien tenga mucho menos talento, experiencia o recursos que tú, pero le va mejor, simplemente porque ¡se atrevió a empezar!

Olvídate de usar la excusa trillada de que eres aún muy joven, demasiado viejo, o si es el momento correcto. Lo importante es dar el primer paso. Estoy segura de que mi padre, si hubiera sabido que su reloj de arena se iba acabando, se habría atrevido a reinventar su historia y hacer de sus últimos años un nuevo comienzo.

Sin embargo, la ironía de la vida es que nadie sabe cuándo se acabará el tiempo. Así que, en lugar de usarlo como excusa, aprendamos a darlo todo, a no quedarnos con nada.

La línea entre dos fechas

Hay una historia que representa perfectamente esta lección de vida. Un día, un padre caminaba por un cementerio con su hijo pequeño, y este le preguntó qué significaban las fechas en las frías lozas de las tumbas. El padre dijo que la primera era el día en que nacimos, y la segunda el que morimos.

El niño, sorprendido, preguntó entonces qué era la pequeña línea entre las dos fechas. El padre, con toda su sabiduría, le dijo: "Nadie puede decidir la primera o la segunda fecha, pero esa pequeña línea representa lo que sí está en tu control y por lo cual serás recordado".

Lo importante es saber que la edad no es más que un número, que no puede medir la intensidad con la que debes vivir. Así que dalo todo mientras vivas, y deja que la línea entre las dos fechas valga la pena.

Ahora bien, otra mentira de la que nos hemos convencido es el concepto del **"todo o nada".** Los medios de comunicación nos han hecho creer que en la vida se trata de darlo todo, o mejor no dar nada. O nos dedicamos de lleno a una cosa, o mejor ni siquiera intentarlo. Es así como terminamos abrumados o totalmente paralizados.

El erróneo concepto de "querer darle a todo nuestro todo" nos mantiene como malabaristas de circo; tratamos de balancear las diferentes esferas que giran alrededor nuestro —carrera, familia, salud y sueños—, en el afán de alcanzar **"una vida equilibrada".** Es así como hemos creado el sentimiento de insatisfacción crónica que nos mantiene estancados.

Si pasamos todo el día en la oficina, nos sentimos culpables porque no tenemos tiempo con hijos o pareja. Si priorizamos la vida familiar, sentimos que nos estamos quedando atrás en el mundo laboral y poniendo de lado nuestros sueños. Si nos damos tiempo para cuidar de nosotros mismos, tenemos la sensación de remordimiento, por pensar que somos egoístas.

Vivimos en un estira y afloja constante. Sentimos que al enfocarnos en un área determinada, estamos descuidando otras. Caemos en el ciclo vicioso de querer asignar la misma cantidad de tiempo, dinero, esfuerzo y enfoque ¡a todo! Esto, sinceramente, ¡nos terminará matando o mandándonos al manicomio! O bueno, para no ser tan exagerados, nos mantendrá atorados en el mismo lugar, ya que con el estrés de tan solo pensarlo, mejor decidimos no hacer nada.

Crecer sin morir en el intento

La realidad es que una vida equilibrada no significa dedicar la misma cantidad de horas a todo. ¡Esto sería imposible! Quiero que te des cuenta de que **solo existe un 100% de ti**, un 100% de horas en tu día, un 100% de tu atención. En fin, eso de ponerle el 120%, ¡no tiene sentido!

Esa ideología errónea nos mantiene abrumados, cansados y sin llegar a ningún lado. Entonces, si ya establecimos que solo podemos dar el 100% de nosotros mismos, ¿cómo avanzar y convertirnos en la mejor versión de nosotros mismos en todas las áreas en las que queremos crecer, sin morir en el intento?

Pues aquí te va la solución: ¡no podemos hacerlo todo al mismo tiempo**!** La clave está en aprender a **identificar las diferentes estaciones de nuestra vida** y establecer las prioridades que encajan en ese capítulo exacto de nuestra historia.

Seguramente has escuchado **"timing is everything",** o en español, **"el momento indicado lo es todo"**. Esta frase se utiliza en la industria de la bolsa y las inversiones, ya que la habilidad de "invertir" en el momento adecuado determina en gran manera las ganancias. Lo podemos ver incluso en la naturaleza misma. Diferentes cultivos tienen una estación del año específica para ser sembrados, de tal forma que den mayores cosechas.

Así que lo importante es entender que **en la vida también hay estaciones, y cada una determina las prioridades en las cuales debemos enfocarnos**. Si sembramos ya pasada la estación correcta, los frutos serán mínimos o nulos.

Por otro lado, si tratamos de cosechar demasiado pronto, aun cuando una fruta parezca lista, probablemente todavía esté verde por dentro y perderá su propósito para siempre. Tenemos que aprender a alinear nuestras metas y esfuerzos a las estaciones de nuestra vida, para maximizar el éxito.

Hay una parte en la Biblia en la cual, en mi opinión, está la clave para explicarte el concepto de una forma práctica:

HAY UN TIEMPO *para todo*

Todo tiene su momento oportuno; hay un tiempo para todo lo que se hace bajo el cielo: hay un tiempo para nacer, y un tiempo para morir; un tiempo para plantar, y un tiempo para cosechar; hay un tiempo para llorar, y un tiempo para reír; un tiempo para estar de luto, y un tiempo para saltar de gusto; un tiempo para abrazarse, y un tiempo para despedirse; un tiempo para intentar, y un tiempo para desistir; un tiempo para guardar, y un tiempo para desechar; un tiempo para callar, y un tiempo para hablar; un tiempo para amar, y un tiempo para odiar; un tiempo para la guerra, y un tiempo para la paz.

De nada sirve afanarse, Dios hizo todo hermoso en su tiempo.

(Eclesiastés 3:11)

¡Wow! ¿Increíble, verdad? Cómo es posible que un libro tan antiguo nos dé tanta sabiduría para lo que hoy enfrentamos. Es como si nuestro Creador hubiera sabido desde el principio que los seres humanos estaríamos fascinados con entender y controlar el tiempo.

Todo es perfecto en su tiempo

Si te pones a pensar, los humanos siempre hemos estado en este descontento. Cuando eres niño, sientes que el tiempo pasa lento, quieres crecer, ser mayor, tomar tus propias decisiones. Y después, por fin cuando llegas a adulto, te das de topes tratando de retroceder el tiempo.

Cuando somos padres, tratamos de apresurar el reloj para que nuestros hijos sean independientes. Simplemente, para despertar un día y darnos cuenta de que ¡realmente crecen demasiado rápido! Así que esta inconformidad constante nos pesa, sin darnos cuenta de que todo, absolutamente todo en este mundo, es hermoso y perfecto en su adecuado tiempo.

Pero hoy en día nuestras prioridades están, en mi opinión, "alrevesadas". No queremos hacer prácticamente **nada** cuando somos jóvenes. Solo viajar por el mundo y **vivir el YOLO** (solo se vive una vez), vivir el momento sin preocuparnos por el mañana, darnos el tiempo de encontrarnos a nosotros mismos y experimentar la vida antes de comprometernos.

Esto nos dura desde los 20 hasta prácticamente los 30. Un día despertamos cansados de dormir en el sofá de los amigos, vivir en el sótano de los padres y tener de compañero de vida tan solo a un perro, un loro o un gato; de ser "freelance" y tener solo 20 dólares en la cuenta de banco.

Así que, a esta edad, comenzamos a apresurar el paso, pisamos el acelerador de la carrera profesional para obtener cuanto diploma podamos, hasta tapizar la pared. Sacrificamos la salud y la idea de formar una familia, con tal de recuperar el tiempo perdido. Y así comenzamos un maratón sin fin por alcanzar el éxito a toda costa.

Vamos de montaña en montaña, convenciéndonos de que esa es la prioridad: "no necesitamos pareja, ni mucho menos hijos; formar una familia no es para todos; o si ya la formamos, realmente divorciarnos no es tan terrible".

Las estadísticas de hoy lo hacen ver tan natural como cambiarte de compañía telefónica. Nos persuadimos a nosotros mismos de que sacrificar la salud y la familia es simplemente el precio momentáneo a pagar para vivir al máximo el resto de tu vida.

Esto nos dura de los 40 a los 60, cuando finalmente la sabiduría de los años nos cambia los lentes. La cercanía de saber que el péndulo de la vida ya casi marca las doce, nos hace llegar a una retrospectiva que muestra que la vida se nos fue de las manos. Empezamos a escuchar en nuestro corazón el sonido constante del "tic toc", que comienza a ensordecernos cada vez más al final de nuestras vidas. Nos recuerda que dejamos pasar las cosas más hermosas.

La realidad no es que las perdimos, sino que decidimos **"sembrar a destiempo".** Nos aferramos a mantener el verde follaje ya pasado el invierno, y a su vez no supimos tomar una pausa a su debido tiempo. Si no crees que el fenómeno es más común de lo que piensas, tómate el tiempo de revisar las estadísticas económicas y sociales más recientes y las tendencias que marcan las predicciones para las siguientes generaciones.

Efectos de sembrar a destiempo

Numerosos estudios muestran que la edad en que las mujeres están teniendo su primer hijo ha ido aumentando de 26 a 31 años en las últimas décadas. Las parejas están decidiendo casarse en sus 30 o 40. Un gran porcentaje de los estudiantes postsecundarios están terminando sus estudios por arriba de los 30 años.

El fenómeno también puede verse en factores económicos. Por ejemplo, en la edad promedio en la que las personas están comprando su primera casa. También en la alarmante cantidad que continúa trabajando por encima de su edad de retiro, simplemente porque no previó, y no les alcanzó el tiempo para ahorrar durante su vida laboral. Todos estos son algunos efectos de sembrar a destiempo.

Según la Oficina de Estadísticas Laborales de EEUU, el número de trabajadores activos con 75 años o más creció un 53,7 % entre 2010 y 2020. Se pronostica un incremento del 96,5% en los próximos años. Las cifras son alarmantes. Un estudio del Congreso de Estados Unidos asegura que el 35% de quienes están cerca de jubilarse (55-64 años), no tiene pensión definida ni plan de contribución.

Con esto no digo que si llegaste a cierta edad, ya se te pasó el tren. Para nada, pero es importante saber que el mundo actual ha creado una ilusión alrededor del tiempo: pensamos que no importa y que podemos detenerlo.

La naturaleza misma es la que nos da la pauta. No podemos escapar a la realidad de que la vida tiene sus ciclos, y que lo más sabio es aprender a sembrar en su momento. Las nuevas generaciones han creado la compulsión de alargar las estaciones, se aferran a quedarse congelados en el tiempo, queriendo extender la felicidad que experimentan en una fase, sin darse cuenta de que evolucionar y cambiar es lo que permite disfrutar intensamente de cada estación.

Hoy, los de 30 quieren verse y vivir como de 20, y así sucesivamente. Van por la vida evadiendo el siguiente capítulo, sin darse cuenta de que al dar la vuelta a la página encontrarán una parte aún más hermosa de su historia.

El gozo profundo del "ahora"

Al principio de mi carrera, especialmente cuando me convertí en madre por primera vez, allá por mis 20, pasé por la etapa de resentimiento, donde veía a todas mis colegas, que aún no eran madres, escalando la cima del éxito laboral, viajando por el mundo libremente, sin ataduras de familia ni de profesión.

Viajaban ligero, y eso me hacía pensar que ellas sí habían logrado una felicidad que yo me estaba perdiendo. Pero, con el paso del tiempo, en cuanto tuve mi segundo hijo y decidimos que sería el último, me di cuenta de que esa era mi estación de vida en ese momento. Por más caótica que pareciera, **¡era hermosa!**

Al entender que jamás tendría otro bebé en mis brazos, caí en cuenta de que esa etapa ¡se iba demasiado rápido! Así que adquirí una nueva perspectiva y me entró un gozo profundo por disfrutar mi "ahora". En ese momento, dejé de mirar para los lados, de poner atención a lo que los demás habían logrado. Me di cuenta de que me tocaba vivir esa estación en esa etapa de mi vida. No me la podía perder y todo es perfecto en su preciso momento.

Como puedes darte cuenta, el tiempo realmente no es el embustero. Somos nosotros quienes nos mentimos, pretendiendo que pasa demasiado rápido o lento, usándolo como excusa para no tomarlo enserio. Hasta que un día, sin esperarlo, se despide y deja nuestros sueños sin cumplir en un cuadernito arrugado.

Para cerrar este capítulo, quiero que resumamos cada una de las lecciones que hemos aprendido acerca del tiempo:

1. Cada uno lleva consigo la cantidad suficiente de tiempo para cumplir su destino.

Quiero que te imagines por un minuto que, al llegar a este mundo, se te dio un pequeño saquito de arena que determina cuánto tiempo nos queda en la tierra. Nadie podría jamás alcanzar a contar la cantidad que llevamos para el camino. Pienso que así lo hizo nuestro Creador con el propósito de que valoremos cada segundo, que establezcamos prioridades y no permitamos que el mundo nos robe, entre el ruido y las distracciones de la vida, el tiempo tan preciado para cumplir nuestro destino.

2. Deja de pensar en que eres demasiado joven o demasiado viejo para dar el primer paso.

No hay mejor acción que la que tomas en el ahora. Piérdele el miedo a reinventarte, a equivocarte. No hay peor lucha que la que jamás se emprende. No existe mayor derrota que la de llegar al final de nuestros días sabiendo que aún teníamos por delante muchas más victorias.

3. No existe una vida balanceada.

La vida no puede ir en línea recta. No esperes a que todo esté en perfecto balance y armonía para dar el siguiente paso. Ni siquiera nuestro ritmo cardiaco puede ir en línea recta. El pulso, al igual que la vida, se compone de picos altos y bajos. Si no, ¡sería señal de que estamos muertos! Aprende a identificar las estaciones de tu vida y a sembrar en la estación correcta. Así como dice Eclesiastés 3:11, de nada sirve afanarse, ya que todo es hermoso en su debido tiempo.

Capítulo #06

LA MENTIRA SOBRE TI

LA MENTIRA SOBRE TI

"Hay tres cosas extremadamente duras: el acero, los diamantes y el conocerse a uno mismo"

- BENJAMIN FRANKLIN

En términos de guerra, se dice que el enemigo no tiene que intentar enfrentarte. Si puede confundirte, será suficiente para detenerte y finalmente derrotarte. Así mismo podemos describir lo que estamos experimentando en la sociedad actual: una guerra sin tregua contra nuestra identidad, y lo más triste es que la estamos perdiendo.

No por no querer luchar, sino porque estamos tan confundidos con lo que somos, con el "por qué" nacimos, que se nos ha olvidado por completo preguntarnos el "para qué" de nuestra existencia. No nos damos cuenta de que ahí se esconde el verdadero secreto de una vida plena: saber quiénes somos y para qué existimos.

En su reciente publicación "La batalla sobre la identidad", el escritor y conferencista Ben Shapiro explica cómo durante miles de años los seres humanos establecieron sus identidades aprendiendo a adaptarse a los sistemas sociales en los que vivían.

Los padres tradicionalmente educaban a sus hijos **adaptándolos a la civilización**. Pero, desgraciadamente, en la actualidad, en lugar de adaptarse a las instituciones que les rodean y formar la identidad, los seres humanos comenzaron a ubicar su identidad en su interior, en sus emociones. Claro, todo esto suena muy bien en teoría, sin embargo, en esta visión, la identidad no se forma en conjunto con la civilización, sino en **oposición** a ella.

En esta ideología, solo a través de **revelarse** por completo contra las "restricciones" de la sociedad y liberándose de las ideas convencionales, los seres humanos podrían finalmente alcanzar la felicidad. Así nace la nueva corriente que nos trae a todos de cabeza, llamada **subjetivismo total,** en la cual nuestra identidad está totalmente ligada a nuestras **emociones.**

Imagínate eso. O sea, no eres quién eres, sino más bien eres lo que "sientes" que eres. Y como te podrás imaginar, las emociones son tan cambiantes como el clima de Nueva York, así que no son las mejores consejeras. Es así como las nuevas generaciones están tratando de entenderse a sí mismas, en medio de una madeja de ideologías ¡basadas puramente en cómo la humanidad se "siente". Si continuamos así, ya te imaginarás adónde vamos a parar.

Un pueblo confundido es fácil de manipular

Para entender el fenómeno que experimentamos los seres humanos hoy, la confusión constante entre definir quiénes somos, sin querer "herir" a los demás, en el intento de hacer feliz a todos y no perder seguidores o "likes", y defender a quienes verdaderamente somos, vamos a explorar las fuentes que influencian la identidad como seres humanos.

Al entenderlo, podremos ver claramente cómo la mayoría de las mentiras de este siglo, esas que se han convertido en "la verdad compartida" por la sociedad, porque nos la han repetido tantas veces que se nos olvidó cómo luce realmente la verdad, tienen su raíz en despojarnos por completo de la identidad. Un pueblo confundido es muy pueblo dividido y fácil de manipular.

Primero, debemos entender que la identidad primaria viene de **la biología**. Nuestra composición física tiene un gran peso en cuanto a la percepción de nosotros mismos. Por miles de años, la base de nuestra identidad estaba basada primero en nuestros rasgos fisiológicos. Por ejemplo, al nacer, la primera guía de referencia para construir la identidad mental y emocional era identificarte como hombre o mujer. Esto determinaba una gran parte del "yo" que nos dedicaríamos a construir a lo largo de nuestras vidas.

El mundo exterior reflejaba exactamente su mundo interior. Había una **coherencia** entre quienes éramos, fisiológicamente hablando, y cómo nuestro mundo exterior nos percibía y definía. Esto, gracias a que por siglos se consideraba a la **biología como ciencia**, y la ciencia nos ofrecía una guía **factual**, con hechos inamovibles e indiscutibles que nos permitían crear una base sólida sobre la cual empezar a construir nuestra identidad.

La siguiente fuente de influencia sobre la identidad era **nuestra familia**, padres, abuelos, tíos, etcétera. En la antigüedad, la familia era el pilar de la sociedad, la entidad más importante de la humanidad, en la cual se compartían y transferían conocimientos, sabiduría, normas sociales. Nuestro círculo social primario era bastante sólido y estable. La norma era que papá y mamá compartían los mismos valores, religión y costumbres, ya que, número uno, no existía tanta globalización como hoy.

La mayoría de las parejas se conocían en la misma comunidad y se casaban alrededor de las mismas edades, algo también determinado por las expectativas sociales. Las culturas de antaño solían poner un alto grado de importancia en preservar sus culturas, costumbres y en especial su religión, particularmente al buscar pareja de vida. Es así como nació el concepto de los matrimonios "pre arreglados", o de comunidades enteras en las cuales solo se permite buscar pareja dentro de su mismo grupo social o religioso.

¡Lo sé! Si eres millenial o parte de generaciones aún más jóvenes, todo lo anterior debe sonar muy retrógrado. Seguramente piensas que te quiero regresar a la época de las cavernas, o al siglo en que a las mujeres no se les permitía votar, pero, ten paciencia, toda esta información tiene un propósito.

Quiero asegurarme, especialmente si eres joven, de poder servirte de "puente" entre la generación que vivió antes de mí y la tuya.

La identidad social

Para mi fortuna, crecí en el medio, y siento una responsabilidad tremenda de unir a las dos generaciones, para darnos cuenta de que el secreto para sentirnos verdaderamente realizados como seres humanos se encuentra ¡exactamente en un punto medio!

En épocas pasadas, la familia era inquebrantable, y constituía una de las principales fuentes de identidad como seres humanos. La mayoría de nuestros padres (si eres parte de mi generación o anteriores) se casaron muy jóvenes, así que prácticamente crecieron juntos. Esto les permitió amalgamar sus ideologías al compartir sus experiencias de vida desde muy temprano.

Además, los divorcios no eran socialmente aceptados en la antigüedad. Esto ayudaba, en gran manera, a que nuestra identidad como hijos también se mantuviera bastante consistente. Pasábamos en casa, rodeados del mismo núcleo familiar, prácticamente las primeras dos décadas de nuestras vidas.

Para bien o para mal, dependiendo de la familia que nos tocó, esto permitía que nuestros valores, creencias y la percepción de nosotros mismos y del mundo, no fueran tan cambiantes y se cimentaran fuertemente, ya que nuestro entorno compartía las mismas ideas y las reforzaba.

Esto nos lleva a la siguiente fuente de la identidad, **nuestra cultura.** Lo creas o no, dependiendo de la ubicación geográfica, todos compartimos una "identidad social". Esta puede componerse de rasgos religiosos, culturales, económicos e incluso fisiológicos.

Por ejemplo, las culturas anglosajonas son consideradas estadísticamente más "cuadradas". No se desvían fácilmente de las normas y reglas establecidas por la ley, mientras que las latinoamericanas son conocidas por querer "colorear fuera de las líneas". O sea, no se nos da mucho lo de seguir las reglas y estructuras establecidas.

Las culturas británicas o alemanas están, por el contrario, altamente adheridas a normas sociales como la puntualidad, el respeto y la individualidad, mientras que las caribeñas son más relajadas, no dan mucha importancia a la disciplina o a las normas muy estrictas y son altamente sociales.

Los asiáticos, por otro lado, son muy conocidos por una cultura que valora altamente las tradiciones, la espiritualidad, la disciplina y la honestidad. Y todo esto, aun cuando son solo rasgos "intangibles", influye altamente en la identidad individual de las personas que crecen en la sociedad.

Finalmente, todos los demás rasgos compartidos por un país o continente específico, tales como su música, artes, religión predominante, lenguaje, industrias sobresalientes (ganadería, siembra, mercadeo, pesca) y hasta el clima (calor, frío, nieve, lluvia) tienen una gran influencia sobre nuestra identidad.

La fuerza invisible de la cultura

Ponte a pensar un momento por qué las personas de climas lluviosos y nublados —como Londres y Vancouver— comparten niveles de energía más bajos y reportan niveles de depresión más altos que las que viven en climas soleados.

O, por ejemplo, ¿sabías que hay culturas más expresivas que otras, debido a que su lenguaje es rico en expresiones que generan sentimientos de alegría, amor y calidez? ¿Y otras, con idiomas como el ruso o el mandarín, donde el lenguaje es más "seco", ya que no existen muchas palabras que puedan definir emociones de amabilidad y conexión interpersonal?

Esto lo descubrí cuando llegué a Canadá. Quise traducir mis frases de español al inglés y me di cuenta de que nuestro lenguaje es demasiado rico y descriptivo. Para decir una frase de dos párrafos en inglés, me tomaba cinco en español. Por eso somos percibidos como muy "parlanchines" y "ruidosos", pero es simplemente que nuestro idioma es más vasto y cálido. Nos gusta transmitir emociones a través del lenguaje, incluyendo el tono de voz y los manierismos.

Como te puedes dar cuenta, nuestra cultura determina altamente gran parte de nuestra identidad y actúa como fuerza invisible que se impregna en nuestra personalidad y nos caracteriza dependiendo de la cultura de donde provenimos.

Ahora bien, otra de las fuentes importantes que ayudan dar forma a la identidad es **nuestra fe o religión**. A través del tiempo, la religión o la fe que se profesaba en diferentes partes del mundo era el lienzo sobre el cual se pintaba nuestra percepción del mundo. Las diferentes religiones definían la ideología, las leyes, los valores que las comunidades compartían y transmitían de generación en generación.

Servían para guiar a la sociedad y enfocarla en un conjunto de normas y expectativas de vida que influenciaban de gran manera su identidad. Y, como hemos mencionado anteriormente, la parte más importante del ser humano es, sin lugar a duda, la espiritual, ya que conecta la razón con la emoción.

Así que la religión conformaba una gran parte de la imagen de nosotros mismos y de nuestro entorno. Podemos darnos cuenta cómo las personas de ciertas religiones comparten características emocionales y de comportamiento bastante similares, ya que se rigen sobre la base de preceptos aprendidos a través de su fe.

Un punto muy importante acerca de la religión es que la mayoría de las sociedades, en los siglos pasados, compartían una sola dependiendo de su ubicación geográfica y esta era transmitida prácticamente en todo: las escuelas, el gobierno, la medicina, los deportes. Era lo que unía a la sociedad y todas sus partes.

Un papel en el guion de la vida

Finalmente, llegamos a la última de las fuentes de influencia que quiero abordar. Y es muchas veces tan sutil, que no nos damos cuenta ni cómo ni cuándo llegó a tener tanto peso sobre nuestra identidad: **la profesión**.

¿Te has dado cuenta de cómo personas con la misma profesión tienden a compartir rasgos muy particulares?

Por ejemplo, tomemos un contador. Estos suelen ser personas que basan sus decisiones en hechos, estadísticas y números. Para ellos, una "corazonada" no tiene sentido. Por otro lado, los artistas, comparten una personalidad más fluida, creativa; los abogados generalmente son pragmáticos y asertivos. No se andan por las ramas. Mientras, los psicólogos tienden a ser más abiertos a diferentes puntos de vista.

¿Y qué decir de las características físicas de estas profesiones? ¿Alguna vez has observado cómo todos los cantantes de rock tienen un perfil bastante parecido? Comparten vestimenta, peinado y leguaje verbal y no verbal; mientras que los doctores pueden ser fácilmente identificados desde lejos, no solo por su bata blanca, sino también por ser personas organizadas, pulcras, metódicas. Es prácticamente un requisito de su profesión.

Es como si adquiriéramos un papel en particular en el guion de la vida, como si adoptáramos un personaje particular y practicáramos desde el vestuario hasta los ademanes que representen mejor ese papel.

Y es que todos los seres humanos estamos en la búsqueda constante de encajar, de ser parte de un grupo específico de la sociedad, de ser aceptados e identificarnos con el entorno. Es un proceso psicológico normal querer reflejar nuestro mundo interno con el externo. Esto da sentido a nuestras vidas, porque, si somos diferentes, entonces corremos el riesgo de ser rechazados, y eso mentalmente es aterrador.

El proceso de encontrar "nuestra tribu" lo podemos observar claramente en la adolescencia, la etapa más crítica en el desarrollo de la identidad.

Es cuando empezamos a **cuestionarnos** lo que → los padres nos inculcaron y se convierte en la base de nuestra **identidad**, prácticamente como pequeñas piezas de lego.

En esta etapa, los jóvenes empiezan a mirarse a sí mismos y a tratar de identificar qué pieza juegan ahora en el gran rompecabezas de la vida. Por eso, los vemos experimentar tantas facetas, entre ser parte de los "nerds", "darketos", "deportistas", "populares". Y terminan eligiendo el grupo en el que se sienten más cómodos, lo cual les ayuda a reforzar su autoestima y su percepción de sí mismos.

Ya de adultos, la profesión que elegimos ayuda de igual manera a dar forma a nuestra personalidad. Y este proceso pasa en dos fases. Primero, buscamos una profesión basada en nuestras inclinaciones naturales. Si se nos dan la música, los números, o las tareas físicas, entonces somos más propensos a elegir un ambiente en el cual podamos usar esas habilidades innatas.

Una vez que elegimos una profesión, ahora las rutinas, hábitos y tareas diarias, relacionadas con ella, terminan por desarrollar aún más nuestras habilidades naturales y nos ayudan a construir de gran manera nuestra ***personalidad profesional***, la cual se convierte en parte de nuestra identidad en todas las áreas de la vida.

Por ello, cuando alguna persona se ve forzada a cambiar de profesión, también sufre un proceso de duelo. O cuando es despedida de un trabajo, pasa por un proceso de reevaluar quién "es". Por ejemplo, si ya no puede ser bailarina después de un accidente, ahora se pregunta "¿quién soy?". Nuestra profesión pasa de ser simplemente "lo que hacemos" a convertirse en "quiénes somos".

Un mundo de términos absurdos

Por más que queramos preservar nuestra "individualidad", la realidad es que somos un conjunto de aspectos que vamos **absorbiendo mayormente del entorno a través de todas las fuentes de influencia,** a lo largo de nuestras vidas.

Así que, como menciona Ben Shapiro, en algún punto de nuestra "evolución" la sociedad decidió que, en lugar de construir nuestras identidades sobre la base de todas estas fuentes de influencia, la mejor idea era construirla en ¡oposición a ellas!

Como hemos visto en capítulos anteriores, esa es la estrategia favorita del ser humano para tomar decisiones: si no es para la derecha, seguramente es para la izquierda; si mis padres fueron duros conmigo y me traumé, entonces la respuesta es criar a mis hijos de tal manera que hagan lo que quieran para que no les pase lo mismo; o si mis padres trabajaron mucho y terminaron muriendo de estrés, entonces ahora seré un total inútil, ¡y solo así lograré vivir en paz!

Nos hemos dedicado a crear un mundo de términos absurdos y totalmente extremistas, basados en los errores y las experiencias negativas de las generaciones pasadas. En el afán de "mejorar" o compensar, nos fuimos para el otro lado de la balanza, hasta el punto de caer en lo mismo que tanto quisimos evitar.

¿Más fácil, libre y auténtico?

En el caso particular de nuestra identidad, la sociedad decidió que contar con todas las fuentes "rigiendo" y dirigiendo la identidad era obsoleto y altamente restrictivo: las doctrinas de nuestros padres, los preceptos religiosos, las tradiciones culturales y ¡hasta la biología misma! sofocaban la individualidad y no nos permitían evolucionar, no nos dejaban ser "nosotros mismos" (aunque ahora no sabemos ni quiénes somos).

Así que lanzamos todas las "ideologías" por la borda, las encadenamos a toneladas de cemento, esperando que se perdieran en el fondo del océano y no salieran más. Nos dimos la vuelta, suspiramos de alivio y nos encaminamos supuestamente a una nueva generación más libre, donde construir la identidad sería "más fácil", "más auténtico", ¡con más libertad!

Pero, ¿qué crees? ¡Jamás imaginamos que las fuentes de influencia no eran las cadenas que nos mantenían atados, sino las líneas que nos ayudaban a guiar el propio caminar!

Todas las instituciones sociales servían como instructivos de cómo ir construyendo la personalidad. No sé si alguna vez te has topado con la increíble tienda sueca IKEA. Allí venden un sinfín de muebles increíbles, a precios bastante razonables, pero el truco es que todo viene sin ensamblar. Cada pieza está cuidadosamente empacada en cajas diminutas, en las que logran embutir un sofá, de manera mágica, en un espacio de 20cm x 20cm.

El detalle está en que debes hacer magia en casa para armar el condenado sillón, con las herramientas y pequeñas piezas contenidas en el empaque. Todo, con la ayuda de un pequeño instructivo que viene en su interior.

Sus clientes comparten un sinnúmero de historias graciosas en las redes sobre cómo pasan horas completas leyendo el instructivo, al derecho y al revés, pero en lugar de un sillón terminan construyendo una mesa. Y aun cuando estas historias parezcan divertidas, quiero que te imagines este mismo proceso, pero tratando de armar todas las piezas que componen tu identidad ¡pero ahora sin instructivo!

Y qué tal si además de tirar el instructivo, decidimos también ¡esconder las herramientas! Cuáles serían las probabilidades de poder ya no solo describirnos a nosotros mismos, si no el poder **construirnos y reconstruirnos**, porque de eso es que se trata la vida.

Por más absurdo que parezca este ejemplo, esto es exactamente lo que la sociedad actual hace hoy día con todas estas nuevas corrientes con las cuales queremos definir nuestra identidad. Vamos por la vida ignorando las instrucciones innatas que llevamos dentro y las herramientas de vida que han funcionado a lo largo de la historia.

Así que ahora vamos a ahondar un poco en cada una de las nuevas "ideologías", a las cuales prefiero llamar por lo que realmente son, **las mentiras de este siglo**, que han confundido y acabado por completo con nuestra identidad.

La mentira acerca de la identidad fisiológica

La raíz de todas las nuevas corrientes pareciera ser llevar la contraria a la sociedad. Por ejemplo, una de las áreas en las que más daño nos ha hecho esta nueva tendencia de querer construir nuestra identidad basados en "cómo nos sentimos" es la esencia misma de nuestra identidad como hombres y/o mujeres.

Me atrevería a decir que las mujeres hemos sido las más afectadas con esta guerra mediática de querer despojarnos de nuestra identidad fisiológica, ya que nos dimos a la tarea de redefinir nuestra feminidad hasta el punto de perderla por completo. Y como somos, sin lugar a dudas, la piedra angular en la que se cimienta toda sociedad, ya que nos dedicamos a educar a las siguientes generaciones, se generó un efecto dominó que terminó por destruir el orden natural de la humanidad.

¿Y cómo pasó esto? Todo comenzó con una "buena causa", la de dar voz a las mujeres, un lugar en la mesa de la sociedad. Así fue como nació el tan nombrado "feminismo". Como las mujeres fueron marginadas en siglos pasados, entonces generamos la idea de que ahora, para ser felices, debemos desechar las ideologías anticuadas e irnos al otro extremo.

Ahora, supuestamente para alcanzar la felicidad y la plenitud, debe existir un repudio total por todo lo que significaba "ser mujer" en la antigüedad (o sea, no nos vayamos tan lejos, esto es apenas en la época de nuestros padres y abuelos).

Si las mujeres mayormente no trabajaban y se quedaban en casa, entonces la solución ahora debe ser matarnos trabajando y nunca llegar a casa. Si antes no se nos permitían competir con los hombres, entonces la solución evidente hoy en día es hacer de los hombres el "enemigo número uno" a vencer. Si ser femenina era ser vista como débil, ahora ser lo más masculina posible es la mejor estrategia para mostrar fortaleza.

Si anteriormente los buenos modales era lo que se esperaba de nosotras, entonces la solución debe ser beber más que un irlandés en el día de San Patricio, decir palabrotas dignas de un chofer de transporte público y tatuarse hasta las orejas para demostrar que de femenina no nos queda nada y reclamar así "el lugar que merecemos" en la sociedad.

Y déjame te explico una cosa: entiendo totalmente que, a lo largo de los últimos siglos, las mujeres hemos tenido que pelear por tener una voz y crear oportunidades para las siguientes generaciones. También sé, de primera mano, que ha habido un sinnúmero de problemas sociales como violencia, abuso y discriminación a los que nos hemos tenido que enfrentar.

Lo entiendo perfectamente porque, desgraciadamente, experimenté en carne propia muchos de estos problemas sociales a lo largo de mi vida. Pero la realidad es que pelear por nuestros sueños no significa irnos al extremo, hasta el punto de perder la visión de lo que es realmente el feminismo, el cual, en pocas palabras, significa **¡proteger y defender de nuestra feminidad!**

¿Es una ofensa preguntar a una águila si vuela?

Hoy día llevamos arrastrando las heridas de las generaciones pasadas como un estandarte que nos da permiso para olvidar quiénes somos, y que nos deja más confundidas e insatisfechas, sintiendo que nos falta una parte muy importante de nosotras mismas, y esa definitivamente es nuestra feminidad.

En los últimos años he sido invitada a infinidad de eventos como expositora, para hablar de lo que significa ser mujer de éxito en los negocios, al mismo tiempo que madre y esposa. He podido darme cuenta de que las nuevas generaciones le tienen no solo miedo, sino un ¡desagrado total! a la idea convencional de lo que es una mujer.

Se ha vuelto tan entristecedoramente común que cuando les pregunto si están casadas o tienen hijos, enseguida lanzan una mirada de indignación y responden con frases como "para nada, por eso soy tan feliz" o "no tengo hijos, ni quiero tener, pero tengo perros (como si esto fuera lo mismo). O peor aún: "no necesito ninguna de las dos para ser una mujer completa".

O sea, ¿de cuándo acá preguntar a una águila si vuela, se convirtió en ofensa?

Y quizás estés pensando que no todas las mujeres **tienen** que casarse o ser madres para ser felices, pero mi punto es ese mismo exactamente. Nuestra sociedad se ha enfocado ferozmente en enseñarles a **"no tener"** que necesitar de nada ni de nadie, y les ha robado las ganas de **"querer".**

El mundo de hoy les ha vendido una nueva historia de Hollywood, donde no **"necesitan"** de un hombre, ni ser madres. Y estoy totalmente de acuerdo: nosotras no lo "necesitamos", pero **la humanidad entera sí necesita de nosotras**, con todas nuestras características innatas de amar, cuidar, criar y educar, para cumplir con la importante misión social.

No podemos ir en contra del mismo ADN con el que fuimos creadas. ¿Qué sería de un águila si se negara a volar, o de un gorrión que no estuviera dispuesto a cantar? ¿Qué sería de la humanidad si el sol ya no quisiera brillar y la luna decidiera no alumbrar?

El mundo definitivamente perdería su balance, dejaría de fluir, porque hombres y mujeres, por igual, encontramos plenitud en completar nuestro propósito escrito en las células mismas de la humanidad. Todo está intrincadamente entrelazado en la complejidad de la existencia.

Recientemente, hablando con un científico especialista en investigaciones de tratamientos de cáncer, me dijo que las mujeres sin hijos tienen un porcentaje mucho mayor de contraer la enfermedad antes de los 40 años. El cuerpo es tan sabio que, si es usado para su función principal, la procreación, funcionará de manera óptima y protegerá la salud de la madre, para que pueda cuidar de sus "crías" hasta que puedan ser independientes.

Pero, si no se utilizan sus órganos para lo que intencionalmente fueron diseñados, es como una flor que se marchita más rápidamente. El cuerpo no cuenta con la señal molecular que le indique que la supervivencia de alguien más depende de la vida de la madre.

Una guerra que no es suya

Ahora bien. Sé que habrá personas alarmadas, especialmente con esta parte, argumentando que existen muchísimas mujeres que no pueden concebir. Y que inferir que "necesitan" ser madres para completar su propósito de vida, podría ser "ofensivo" para ellas. Para nada esto representa el propósito del análisis. De hecho, la excepción se ha convertido en regla, debido a los extremistas y amarillistas que buscan dividir las opiniones, usando argumentos como esos.

Las nuevas generaciones se han colgado de la bandera de defender a las personas que "se ofenden" con estos puntos de vista, sin saber que las madres que no pueden concebir darían lo que fuera por tal oportunidad. Son ellas las primeras que resienten la nueva corriente de mujeres que **deciden** decir "no" a la maternidad, simplemente porque "ya no está de moda" o porque sienten que les estorba para alcanzar el verdadero feminismo.

Estoy segura de que las mujeres que lucharon incansablemente para darnos una voz en el mundo moderno, estarían mortificadas con lo que se ha convertido este movimiento en la actualidad: mujeres que marchan desnudas por las calles, en forma de protesta, queriendo parecerse cada vez más a la naturaleza fría y áspera del sexo masculino; olvidándose por completo de su lado femenino, que es donde radica la verdadera fortaleza de su personalidad.

Que muchas hayamos tenido que enfrentar grandes batallas para llegar a donde estamos, no nos da derecho a pasar nuestros miedos y heridas a las siguientes generaciones, creando una nueva oleada de mujeres que salen al mundo con los puños cerrados, listas para pelear una guerra que no es suya.

Pareciera que la sociedad decidió que el enemigo a vencer de toda mujer es, por ***default***, un hombre. Me ha tocado escuchar a un sinnúmero de mujeres que no quieren casarse, o que tienen estigma sobre lo que "no quieren" en un hombre, basándose simplemente en las experiencias que sus madres, abuelas o tías tuvieron que enfrentar. O en las historias fabricadas con las que los medios de comunicación han inundado la sociedad sobre que **todos** los hombres son machistas, misóginos, opresores o vaya usted a saber qué más.

Las nuevas generaciones salen al mundo con un montón de "heridas heredadas" y generalizan que "todos los hombres son iguales", ¡sin darse la oportunidad de crear su propia historia!

Luego nos preguntamos por qué más y más mujeres reportan altos niveles de estrés, depresión y ansiedad. No estamos diseñados, ni hombres ni mujeres, para ir solos por la vida. Aun las historias coloquiales hablan de encontrar nuestra otra mitad, nuestro "soul mate" o compañero del alma. Diversas religiones establecen que hombre y mujer fuimos hechos de la misma carne. La Biblia nos recuerda "que no es bueno que el hombre esté solo, necesita su ayuda idónea" (Génesis 2:18). Y la ayuda idónea para una mujer es un hombre, y para un hombre, una mujer. Simplemente, nos complementamos.

Fisiología, composición celular, hormonal, cerebral, ¡todo encaja perfectamente! Genéticamente, el hombre es el complemento perfecto de una mujer, y viceversa, porque, lo que le falta uno, lo tiene el otro. Así de sencillo.

Fuimos diseñados a la perfección. Si no me crees, revisa los datos científicos. Vamos guiándonos por los hechos, y no por cómo "nos sentimos", o por lo que los medios nos quieren convencer.

Nuestra composición celular y hormonal, así como la programación cerebral, están diseñadas para complementarse a la perfección: cromosoma X con cromosoma Y, testosterona con estrógenos. Cada componente nos ofrece a cada uno la fortaleza en las áreas que se nos dan naturalmente dentro de la identidad. Y aun así nos seguimos preguntando quiénes somos, cuando el manual de uso de nosotros mismos, la obra más perfecta de la creación, está escrito a gran detalle desde el ADN.

Sin reclamar su masculinidad

Ahora, la guerra ideológica contra nuestra propia biología no solo ha afectado a las mujeres. Los hombres han ido suprimiendo su masculinidad poco a poco, por no querer ser percibidos como machistas, violentos, opresores, etcétera. Se les ha convencido de que su tendencia natural de proveer, defender, competir, ya no es necesaria para la humanidad.

Por el contrario, esas características son mal vistas por la sociedad. Así que, para no meterse en problemas, se hicieron a un lado y cómodamente aceptaron lo que se espera ahora: simplemente existir como contraparte de lo que sea que las mujeres quieran de ellos.

Si las mujeres ya no quieren tener hijos, entonces listo, olvidémonos de eso; si ya no quieren que se les habrá la puerta y no "necesitan" de un hombre, perfecto, a tratarlas como a un "compadre"; si decidieron que también tienen derecho a múltiples parejas, sin una relación estable, fantástico, ahora ni siquiera tienen que esforzarse en el cortejo; si no necesitan que paguen las cuentas, excelente, a ser un mantenido.

Y así mismo, sin querer reclamar su masculinidad, les dieron gusto a los nuevos cuentos de Disney, y se olvidaron de su rol de superhéroe. Tiraron la capa, perdieron la espada. El mundo no necesita más un príncipe azul, cuando ya no existen princesas que rescatar.

El problema del cambio de roles es que transformó el orden natural de la humanidad, y las mujeres ni terminamos más satisfechas, ni los hombres más realizados. El mundo decidió emprender la marcha a contracorriente, en oposición total a nuestra genética. De tener el manual completo para armar una mesa, terminamos construyendo una silla, y es así como acabamos como una sociedad **sedienta de identidad**.

Olvidar **para qué** fuimos creados, nos hizo borrar quiénes somos. Y, sin saber quiénes somos, estamos destinados a ir por la vida con un vacío enorme en el alma, que nos mantiene abiertos a intentar llenarlo con lo que sea: de redes sociales, de comparaciones, de guerras que nos inventamos, aunque no sean nuestras.

Simplemente, para tener un propósito, dar un significado a nuestras vidas. Y todo, sin saber que el propósito, el quiénes somos y para qué nacimos, ya está dentro de nosotros. Solo tenemos que regresar a lo básico, a las verdaderas fuentes de identidad que dan sentido a nuestro mundo.

Pero, hoy en día, las fuentes han sido agresivamente bombardeadas por los medios y las nuevas corrientes ideológicas. Es como si supieran que constituyen los pilares de nuestra humanidad y se dieran a la tarea de derribarlas, para producir una sociedad fácil de convencer. Las nuevas generaciones están tan vacías que se convierten en presa fácil del consumismo mediático.

Regresar a lo básico

Ahora, no todo está perdido, ¡no te alarmes! Desenmascarar la mentira acerca de ti es tan sencillo como regresar a lo básico, tomar una pausa y recalcular el camino. No se trata de descubrir quiénes somos, sino de **recordar** lo que tu alma te ha estado diciendo desde hace mucho tiempo. El alma siempre sabe quién es ese "tú" que estás diseñado para ser.

Quiero que imagines por un minuto una historia. El personaje principal es un niño que descubre una pequeña puerta que conduce al ático de su casa. Curioso, entra y se encuentra de repente frente a un espejo. No es uno común. Tiene una forma graciosa, un tanto torcida. Está lleno de polvo y, en la penumbra del obscuro ático, atrae al niño a darse una mirada en su reflejo.

Al mirarse a sí mismo, salta de susto, pues se ve tan torcido como el mismo espejo. Sus pies son diminutamente cortos, su torso grotescamente gordo, su cabeza desproporcionadamente alargada y su piel de un gris espeluznante. Asustado y perplejo, sale corriendo y va hacia el cuarto de su hermana mayor, le cuenta lo ocurrido y le pregunta: "dime, dime ahora mismo si es así como me ves".

La hermana, con total fastidio por haber sido interrumpida, le respondió con un tono altanero: "Así mismo enano, así eres realmente de feo". El pequeño no podía creer lo que escuchaba. Jamás se había mirado atentamente en un espejo y ahora su hermana confirmaba lo que había visto en su reflejo.

Triste y asustado, corrió hacia la sala y vio a su abuela tejiendo, la interrumpió por un minuto y le intentó explicar su dilema. La abuela, que poco puede escuchar y la vista le juega trucos, le contestó: "pues enano no eres, pero mira que sí tienes las piernas un poco cortas, la panza no es tan gorda, pero definitivamente se te ve tan linda así de redondita. Y la cabeza no es grande, puede ser simplemente que traigas muy largo el pelo".

La descripción de la abuela no ayudó al niño en su gran problema. Solo confirmó lo que temía, que era chaparro, gordo y quizás hasta con demasiado pelo. Por fin se dio por vencido, convencido de que solo le quedaba resignarse a ser un fenómeno de circo.

Así que, cabizbajo y con los hombros encogidos, caminó hacia la cocina, donde encontró a su madre. Ella lo miró y le preguntó qué le pasaba. El niño le contó resignado la historia de cómo descubrió que no era muy bien parecido. La madre soltó una carcajada y le dijo que ese espejo, además de sucio, era de broma.

No obstante, el niño no salía de su descontento. Le contó que su hermana y su abuela habían confirmado su teoría. Su madre, con todo el amor del alma, le explicó que jamás debía permitir que nadie le dijera quién era, que su identidad no puede venir de afuera. "Muchas veces, las personas no nos ven como somos, sino como ellos mismos perciben que somos. Algunos con malas intenciones, otros simplemente porque no pueden ver claramente", dijo.

"Pero la única persona que realmente puede decirte quién eres es aquella que te creó en primera instancia. Así que, como tu madre, déjame decirte quién eres". Y así añadió: "mira tus manos, qué bellas son, con las que pintas hermosos dibujos para mí todas las mañanas. Mira tus piernas, tan fuertes que me hacen correr de tras de ti con risas y juegos por toda la casa. Mira esos ojos que me iluminan el alma, y ese pelo que amo acariciar cuando te vas a la cama".

El niño volteó a mirar a su madre, lleno de alegría sabiendo que había verdad en sus palabras. ¿Quién mejor para saber quiénes somos que la persona que nos dio vida y nos enseñó a caminarla?

La historia del **espejo torcido** es mi manera de recordarte que nadie sabe mejor quién eres que tu creador, el que te puso exactamente en el cuerpo perfecto, en la familia correcta, en el país y la cultura exacta, en la profesión y hasta en la época que correspondía a la misión para la que te diseñó. Nada es coincidencia, no hay errores en tu historia. Todo está perfectamente orquestado para que te conviertas en lo que fuiste creado. Ahora, ¿cómo regresamos a lo básico? ¿Cómo nos vamos de vuelta al diseño original? Veamos cómo retomar las fuentes importantes para construir nuestra identidad.

La mentira cerca de la familia:

Hay un dicho que afirma que no podemos elegir a la familia, pero la realidad es que sí podemos elegir cómo damos forma a nuestra familia. Hoy día se nos ha tratado de convencer de que el concepto de familia tradicional (mamá-papá-hijos) está obsoleto.

Una familia puede ser cualquier combinación, incluyendo a las mascotas. Y aun cuando estoy totalmente de acuerdo con que necesitamos un círculo bastante amplio de personas y, por qué no, uno que otro "firulais" para navegar la aventura de la vida, es evidente que crear una base estable en el círculo familiar es crítico para la humanidad.

No se trata de inculcar a las nuevas generaciones que "tienen" que casarse, o que "tienen" que tener hijos, o que si se casan se "tienen" que quedar juntos para toda la vida. Lo que debemos hacer como sociedad es inspirarlas a **"querer",** y no desanimarlas en el intento. Recuerdo, cuando niña, pasarme horas soñando con quién me casaría, imaginándome los hijos que tendría y cómo los llamaría.

No es que mis padres me forzaran a "tener" que convertirme en madre, ni me impusieran que solo ese era mi propósito de vida, ni que como mujer mi destino fuera vivir en la cocina, como escopeta, cargada y a la esquina. ¡Para nada!

Mi padre siempre me inculcó la preparación, sobresalir en mi carrera, ser exitosa y excelente en todo lo que emprendía. Mi madre me enseñó a soñar, a tener metas, a nunca darme por vencida; pero **lo que nunca hicieron** fue decirme que, para lograrlo, debía decir adiós a mis sueños de crear una familia. Jamás me dijeron que tenía que escoger entre ser madre y tener una carrera, ni me metieron en la cabeza que "necesitaba" aprender a valerme por mí misma para "no necesitar nada, y menos de un hombre".

Jamás me leyeron un "manual de emergencia" en caso de que mi vida se derrumbara por un divorcio, o de que un hombre me maltratara o me dejara. No salí al mundo "preparada para una batalla", porque esas ideas nunca me las metieron en la cabeza. Ahora bien, tampoco crecí pensando que la vida era color de rosa, ni me dejaron crecer en un burbuja.

Mi vida fue bastante dura de niña, pero, prepararme para ser fuerte, jamás implicó decirme que ser madre o esposa me harían débil, ¡y mucho menos tonta! Así que eso mismo te aconsejo. Si tienes hijos, no trates, en tu afán de prepararlos, de imponerles miedos ajenos. No los prepares para "cuando todo falle", sino mejor edúcalos para que todo les funcione.

Sin lugar a dudas, no todo es color de rosa, ni como lo pintan las redes sociales, pero vale la pena no rendirse. Y si a ti el matrimonio no te funcionó por azares del destino, no le robemos la magia a las siguientes generaciones de querer intentarlo. En mi caso, mi meta es educar a un verdadero príncipe en cada uno de mis hijos, con la esperanza de que logren encontrar a su princesa.

Y si no eres padre o no crees que formar una familia valga la pena, ven, te cuento que para mí, casarse y tener hijos es la mejor escuela. Para conocer al "yo" que de verdad eres, no hay mejor manera que encontrar un compañero o compañera en el camino.

Como dice Eclesiastés 4:10-12, los golpes de la vida, de tanto y tanto, nos dejarán tirados en el piso, pero ahí estará el otro para levantarnos. Y, a su vez, **no hay mejor regalo para uno mismo que dar vida.** Nuestras metas, sueños y propósitos son tan grandes que no nos alcanzaría una sola vida para cumplirlos. Entonces, cuando nos convertimos en padres, pasamos a ser inmortales, alargamos nuestra vida al extender nuestro legado.

Ahora bien, sabiendo que la familia es uno de los pilares más importantes de la identidad, hay algunos consejos que quiero darte si decides lanzarte en esta aventura:

¡No estoy diciendo que volvamos a los años de mi tía Lupita, que se casó a los 14! (cabe mencionar que ya cumplió 60 años de matrimonio con mi tío Nacho, así que quizás por ahí esté la clave), pero sí creo que es una buena idea no esperar hasta los 30 y tantos. ¿Por qué? Primero, genéticamente somos más moldeables de jóvenes, nuestra elasticidad cerebral nos permite adaptarnos a muchas más situaciones, porque apenas estamos construyendo nuestra personalidad. Además, cognitivamente aún estamos aprendiendo. Si nos casamos jóvenes, aprendemos juntos, no traemos tanto equipaje o preceptos aprendidos a través de relaciones pasadas que nos han vuelto rígidos, tercos y desconfiados. Tampoco existe tanto el punto de comparación, así que todo es nuevo y emocionante. Y, por último, cuando somos jóvenes empezamos todos de nada, desde cero. Nada de que "esto es mío y esto es tuyo y cada quien por su lado". Empezamos a construirlo todo juntos, y es ahí donde nos volvemos una misma carne, compartimos las victorias y las batallas y todo termina siendo "nuestro". Tanto así que ya no podemos imaginarnos un mundo en el que no existamos como uno solo.

Una de las grandes razones por las que pienso que hoy día los matrimonios no duran, es porque nos hemos empecinado a mezclar el agua con el aceite. Gracias a la globalización, nos hemos amalgamado como culturas, ideologías, lenguajes. Esto es realmente maravilloso y enriquece la sociedad, pero no podemos olvidar que existen pilares inamovibles de nuestra identidad. Si no somos conscientes del gran papel que estos rasgos tan importantes juegan en el éxito de las relaciones interpersonales, no deberíamos sorprendernos cuando no funcionan. Esto se debe identificar desde el principio, no tomar la ruta de escape fácil y simplemente renunciar. Si te das cuenta, incluso en tu círculo de amigos, aun con sus diferencias, compartes rasgos bastante parecidos en las cosas que son importantes para ti. Así de importante es mantener estos rasgos compartidos al elegir a nuestro compañero de vida. Recientemente, una amiga se casó con una persona de otro país, con una cultura, religión e idioma totalmente diferentes. Se conocieron en línea. Me dijo frustrada que, después de un año de matrimonio, sentía que las diferencias entre ellos eran como un abismo. En sus propias palabras, era como si él y toda su familia fueran "de otro mundo". Yo le respondí: "es que realmente él es de otro mundo, creció y fue criado en un mundo totalmente diferente al tuyo (esto se lo intenté decir antes de casarse, pero la emoción del momento la hizo pensar que no tenía importancia)". Es como si te subes a un taxi en una ciudad desconocida y le das instrucciones en español al chofer, cuando él habla alemán. ¡Y además, el mapa que le muestras está en mandarín! De por sí, el crucero llamado matrimonio es bastante ajetreado, ¡imagínate ahora tratando de navegarlo con dos pilotos que no se entienden en lo más mínimo! No te sabotees a ti mismo y elige con el corazón, pero ponle un poquito de razón. Así que, para ayudarte aún más, aquí te van los cuatro pilares más importantes a los que poner ojo cuando busques pareja, para asegurarte de que estén en sintonía. Obviamente, no será perfecto, pero te dará un porcentaje más alto de éxito:

Familia: Asegúrate de que compartan los mismos valores familiares, si para ti tus padres son muy importantes, si tener hijos es una prioridad, si cuando ves a su familia (padre, madre, hermanos) puedes ver reflejado el mismo ambiente en el que quieres formar la tuya.

Cultura: Esto incluye idioma, tradiciones, etcétera. No estoy diciendo que los matrimonios interraciales no funcionen ¡para nada! Este punto va mucho más allá del color de la piel o el idioma. Es más acerca de las características críticas de nuestra identidad social. Y es que existen culturas que comparten muchos de los rasgos más importantes entre sí mismas. Y, por otro lado, existen otras que se contraponen. Por ejemplo, latinos y filipinos somos muy parecidos, pero pon un alemán a vivir con un latino ¡y no sé dónde podamos acabar! Aunque parezca gracioso, atiende a cómo las culturas pueden entrelazarse o si, definitivamente, se repelen.

Dinero: Esto va más allá de las clases sociales. Va encaminado a las metas profesionales y a las expectativas financieras que estableces para tu estilo de vida. Si la persona que te atrae está contenta con vivir en la parte de atrás de su coche y dedicarse a ser hippie de por vida, pero tu sueñas con ser el empresario más prominente del año, salir en la revista Forbes y comprarte un jet privado, el estilo de vida, el esfuerzo requerido y los sacrificios necesarios para llegar ahí, serán totalmente desproporcionados el uno del otro. Esto los mantendrá en fricción constante con algo tan determinante para su futuro.

Fe: Este punto ¡es clave! Para alguien con una fe o religión fuerte y arraigada en su identidad, es muy importante encontrar una persona que se alinee con estos mismos preceptos. La fe es totalmente espiritual, y como somos seres muy espirituales, salpica todas las demás áreas de nuestra vida, además de formar la base con la que criaremos a nuestros hijos. Así que encontrar a una persona que la comparta, es imperativo. No solo para tener una coherencia espiritual sobre cómo formamos la familia, sino también porque habrá desacuerdos entre padres e hijos y entre cónyuges. Es vital que, más allá de tu verdad y mi verdad, siempre exista una verdad compartida que nos guíe y ayude a recalcular el curso de nuestro barco.

¡Estén de acuerdo los dos en que NO hay escapatoria!

Decidan desde el principio que no hay salida de emergencia, que casarse es para siempre y que los dos entienden que formar una familia requiere empeño, trabajo, poder de permanecer y ganas de perdurar. Sé que muchas veces hay situaciones extremadamente complicadas, que incluyen hasta violencia, pero las podemos identificar **o las debimos identificar** desde el principio, antes de casarnos, tomando en cuenta que hay elegir **intencionalmente** nuestra pareja de vida. Sin embargo, la realidad es que hoy en día hemos hecho "de la excepción, la regla". La mayoría de los matrimonios o relaciones ya no se dejan por grandes batallas que no tienen solución, sino porque estamos acostumbrados a darnos por vencidos, estamos aburridos. Las redes sociales, el terapista o el amigo de tragos, nos dijo que merecemos ser "felices" y que, si ya no lo somos, es mejor decir "adiós". O sea, ¿en serio? ¿En qué película Rocky se cansó de entrenar y tiró la toalla? ¿En qué momento rendirse se convirtió en algo honorable? ¡No nos engañemos! Mantener las familias unidas es el mejor regalo que podemos dar a la humanidad, porque los sacrificios que hagamos hoy, ayudarán a que las futuras generaciones aprendan a perdurar, a luchar, a no darse por vencidas. Así lograremos que la sociedad tenga una base sólida, inamovible para crear futuras generaciones que puedan construir sueños tan altos como un rascacielos.

La mentira acerca de la nueva "pseudocultura":

El alto grado de globalización mundial conlleva la habilidad de viajar rápidamente, el acceso a telecomunicaciones que nos conectan instantáneamente, sin importar fronteras, y redes sociales que permiten una ventana inmediata a personas en otros países, culturas e idiomas (ahora con la nueva inteligencia artificial ya puedes hablar con quién sea, aun en chino).

Todo esto ha desencadenado, sin lugar a dudas, un sinfín de avances para la humanidad, pero a su vez nos han dejado como gordito enfrente de un buffet de "All you can eat". O sea, emocionados por tantas opciones, pero "empanzonados" por comer más de lo que podemos digerir.

Diariamente somos bombardeados por choques culturales, sociales, ideológicos, económicos, que en la antigüedad permanecían completamente ajenos a nuestra realidad. En los siglos pasados, todo lo que incumbía a una persona era lo que sucedía en su círculo inmediato. Lo que pasaba en su vida personal, laboral y en su comunidad, era simplemente lo que afectaba su vida.

Ahora, una guerra en Ucrania puede dejar a alguien sin trabajo en la Patagonia, un tsunami en Filipinas puede hacer que no encuentres aguacates en ninguna tienda durante meses y debas aprender a comer remolacha. Y así mismo, ideologías que eran inaccesibles en el pasado y eran parte de una cultura totalmente distinta a la nuestra, ya que estaban a cientos de kilómetros, ahora vienen a confundirte la mente porque se volvieron virales y te bombardean todos los días en TikTok.

Los medios nos han enfermado de un padecimiento que yo defino como **"choice fatigue"** o **"cansancio de op-**

ciones". Nuestro cerebro se encuentra constantemente en un proceso de reevaluar nuestra identidad, porque se la pasa comparándose con personas y situaciones que no tienen nada que ver con nosotros. Sin embargo, por la nueva "proximidad" entre culturas, ahora vienen a empañar nuestra percepción de nosotros mismos. Nos crean expectativas irreales de lo que deberíamos tener, quiénes deberíamos ser, cómo deberíamos vivir y cómo nuestro mundo debería lucir, simplemente porque nos inundan la mente con falsos modelos de vida y corrientes ideológicas que no encajan en nuestra realidad o cultura.

El fenómeno no es nuevo. Desde hace cientos de años, el mundo ha estado en un proceso de "occidentalización", que significa esencialmente parecernos cada vez más a la cultura norteamericana o anglosajona. Cientos de años antes de que las redes sociales existieran, ya Hollywood hacía un excelente trabajo seduciendo a otras culturas a parecerse más y más a nuestros vecinos del Norte, creando "una imagen de vida perfecta" en las pantallas para promocionar el consumismo de sus marcas y estilo de vida.

Pero, hoy día, las redes sociales pusieron esta práctica en esteroides. Ya no solo se convirtieron en la pólvora que ayuda a explotar en mercadeo, sino que también difunden ideologías para convencernos de miles de mentiras. Como los medios ya no necesitan ser corroborados, nos hemos acostumbrado a recibir toda esa **"basura informativa"** y tomarla como verdad.

Así como mencioné en el capítulo ***La mentira acerca de la sabiduría***, siempre me hace gruñir de molestia que la sociedad este hoy día más preocupada por obligarnos a tomar en popotes de papel, para evitar la basura ambiental, pero a su vez permite que se inunde nuestra mente con toda esta basura ideológica.

Ahora, con el acceso ilimitado e instantáneo a otras culturas e ideas, hemos cansado al cerebro, porque no está diseñado para acceder a tanta información a la velocidad con la que la ingerimos. Entonces, jamás descansa lo suficiente para procesarla. Simplemente, la agregamos al cúmulo de basura de información que recibimos a cada instante.

Ahora, cualquier loco con una cámara o celular puede hacerse viral difundiendo una cantidad de cosas sin sentido y ponerte a pensar ¡que en realidad el Sol gira alrededor de la Tierra, y no lo contrario!

Conozco un sinnúmero de personas que el año pasado eran veganos, pero luego vieron un video en YouTube acerca de las ventajas de ser 100% carnívoros y terminaron comprándose su propia vaca. Y de ahí pasaron a hacerse seguidores de un influencer que terminó por convencerlos de que la dieta Keto era la fuente de la eterna juventud. Finalmente, hoy día, se la pasan comiendo simplemente McDonald's, porque se cansaron de perseguir tantas opciones.

Ahora bien, esta "fatiga de opciones" también ha afectado nuestra identidad, al irla ligando a cosas materiales como como la ropa que usamos, las casas en las que vivimos, los artículos que compramos, las profesiones a las que nos dedicamos.

Todo esto era anteriormente elegido por practicidad y convicción, no por comparación y compulsión. Ahora, con tan solo un clic, puedes comprar todo el vestuario de tu actor favorito, porque lo promociona en su "tienda personal" en Amazon y te da hasta un código de descuento para que puedas compararte con él.

Y qué decir de las relaciones interpersonales. Hoy día, con tan solo deslizar el dedo, tienes acceso a "coquetear" con un chico de tu misma cuadra o de Singapur. El buffet de opciones nos ha dejado tan cansados de elegir y reelegir constantemente, que ha hecho pedazos nuestra identidad. Estamos tan fatigados por tantas opciones que ¡terminamos por no elegir nada! Ni pareja, ni familia, ni carrera. Vamos como barco a la deriva, a la merced de la marea incansable de culturas externas a nuestra vida.

Pero, tranquilo, no todo está perdido. No te estoy diciendo que tengas que irte a vivir a una cabaña en medio del bosque y pasar el resto de tus días como ermitaño, sin acceso a internet, televisión o electricidad, para evitar contaminarte de la nueva epidemia social.

Lo que sí te voy a ofrecer son los siguientes consejos prácticos, para dar un respiro a tu mente y espíritu, y así, al ir construyendo tu identidad, no tengas que ir por la vida ***reconstruyéndola*** cada vez que estés en contacto con una nueva ideología, opinión o manera de pensar que no encaje con tus metas y propósito de vida.

Seguramente has escuchado la frase que dice "menos es más". Así mismo debes pensar con respecto a tu círculo de influencia. Aun en medio de la globalización, debemos ser muy intencionales en cuanto a las personas clave que dejamos entrar en nuestras vidas. Ten un par de amigos del alma, pasa la mayor parte del tiempo con personas que **compartan tus mismos pilares en relación con sus valores, fe y aspiraciones**, ya que te permitirá salvaguardar tu identidad. Y cuando te topes con personas con ideologías muy por fuera de las tuyas, que contraponen tus preceptos y amenazan con destruir tu identidad, pon espacio en medio. No digo que no debamos enriquecernos con la diversidad de pensamientos que nos proveen otras culturas, pero la realidad es que muy probablemente, si son tan diferentes en áreas críticas a las tuyas, la cosa no acabará bien y terminarán por repelerse. Si no los vas a convencer, ¿para qué te arriesgas a que te convenzan?

Tómate el tiempo de hacer limpieza de las redes sociales, las noticias, todo aquello que te bombardee constantemente de información para inundar tu cabeza con cosas que no son relevantes para tu propósito de vida. En nada te ayuda saber cuál faja usa Kim Kardashian. O sea, jamás vamos a lucir como ella y, aun si pudiéramos, en la gran obra de la vida, para qué trabajar por un papel que ya está tomado. Mantente fiel a quién eres. Yo escucho poco las noticias, porque no deseo infectar mi mente con preocupaciones de cuestiones fuera de mi control. Mejor diariamente escribo tres cosas que pueda hacer por los demás y que hagan la diferencia en mi mundo inmediato. Si todos hiciéramos esto, no existirían los problemas "sociales". Así que desconéctate de todo aquello que te distrae y confunde tu identidad, que "tuerce" tu espejo interior y te refleja una versión de ti que no es la verdadera. Por ejemplo, solo sigo cuentas en las redes sociales que me ayudan a seguir construyendo o reforzar mi identidad, que añaden cosas positivas al "yo" que ya sé que soy. Solo sigo a "influencers" que se alinean con mis valores y que no me hacen dudar de mis convicciones. Así que no tengas pena de salirte de ese grupo de WhatsApp que solo estresa, o da "unfriend" a ese amigo o amiga que viene a tirar su basura en tu vida. Al final de cuentas, el proceso de construirte está en tus manos. Toma el cincel y empieza a quitar todo lo que te estorba.

¿Sabías que solo tienes dos pies? Entonces, ¿para qué tienes en tu carrito de compras en línea otros cinco pares de zapatos? El consumismo y el mercadeo feroz al que estás expuesto a cada instante, solo te deja ¡cansado, abrumado y quebrado! Todo esto altera también tu identidad. No necesitas más cosas. ¿Sabías que los grandes genios de la historia como Albert Einstein, Mark Zuckerberg y Steve Jobs eran grandes precursores de tener solo un estilo de ropa? No querían gastar su precioso tiempo, su capacidad cerebral y su paz mental en ligar su identidad a algo tan cambiante como la moda, el consumismo y la cultura de "tener por tener" y "comprar por comprar" (aun cuando la mayoría generan su riqueza de hacer que nosotros sí caigamos en esas trampas). **Las "cosas" no dan valor a tu identidad, tu identidad es la que da valor a las cosas**. Vive simple y dedícate a vivir.

SOLO HAY QUE PREGUNTAR AL *Creador*

Para cerrar esta parte, quiero contar una historia que te dará una idea clara de cómo empezó muy probablemente la guerra de identidad. En los primeros capítulos de la Biblia, ese libro tan increíblemente útil para la cultura moderna, se habla de cómo Dios creó a los primeros dos seres humanos de la historia de la humanidad, Adán y Eva.

Primero, creó a Adán, y dice que "lo hizo a su imagen y semejanza". O sea, su identidad era basada en la identidad misma de su creador. Después de Adán, como complemento perfecto, crea a Eva de su misma carne. Es decir, es un pedazo de él mismo, su identidad está creada sobre la base de la identidad misma de su compañero de vida.

De ahí su creador camina con ellos por el Jardín del Edén y les dice que tan importantes son para él, que todo lo que hay y existe es para ellos y de ellos. De hecho, en un capítulo anterior, Dios le pide a Adán que ponga nombre a los animales. O sea, el creador nos hizo cocreadores de la identidad de todo lo que existe en nuestro mundo.

Finalmente, estos dos personajes van caminando contentos por la vida, sabiendo exactamente quiénes son y cuán valiosos son para el creador. De repente, el enemigo mayor, disfrazado de serpiente, usa su arma secreta para derrotarnos, **¡la mentira!** Y la utiliza lanzando un ataque directo a la identidad de Adán y Eva, haciéndolos dudar de quiénes eran para su creador y diciéndoles: "Con que no te dejan comer del árbol del bien y el mal, ¿cierto? Esto es porque, si comes de él, serás como Dios".

Y ahí va Eva a convencer a su amado de no comer solo ella, sino ¡que coman los dos! Y es así como fuimos engañados y perdimos desde aquel entonces la mira del "para qué" fuimos creados. El embustero enemigo nos hizo dudar de lo que **ya sabíamos que éramos**. Nuestra identidad era la misma del creador, ya habíamos sido hechos a su imagen, no necesitamos nada más para ser Dios.

Pero el ser humano siempre quiere compararse, buscar respuestas fuera, sin darse cuenta de que lo que sigue buscando, insaciablemente, ya está adentro. Tal como la historia del niño y el espejo torcido, no necesitas descubrir quién eres, **solo tienes que preguntar a tu creador**.

Capítulo #07

LA MENTIRA ACERCA DE LA FE

"No somos seres físicos atravesando una experiencia espiritual; somos seres espirituales viviendo una experiencia física."

- TEILHARD DE CHARDIN.

Quizás hayas escuchado hablar de C.S Lewis, el autor de las "Crónicas de Narnia". Muy probablemente lo conozcas por el éxito en taquilla de la saga. Más allá de haber sido galardonada con múltiples Oscar, vino a revolucionar la pantalla grande con su sutil pero poderoso mensaje de fe. Por si no te diste cuenta, revela el gran poder y espíritu protector de nuestro creador a través de su personaje Aslan, el magnánimo león de la película.

Lo que posiblemente no sepas es que Lewis era un ateo empedernido durante su juventud, principalmente por la maldad que percibía en el mundo en aquel entonces. En su obra "Sorprendido por la Alegría", cita lo que él consideraba el argumento más fuerte para el ateísmo: "Si Dios hubiera diseñado el mundo, no sería un mundo tan imperfecto como el que vemos".

Su conversión al cristianismo surgió después de numerosas conversaciones con otro gran escritor de esa época, J.R.R Tolkien, el creador de "El señor de los anillos". Los dos genios pasaban innumerables horas hablando sobre temas literarios y religiosos. En 1929, y después de acalorados debates sobre el tema, Lewis se convirtió al cristianismo y admitió la existencia de Dios al darse cuenta de la falacia en su propio argumento.

"Mi argumento contra Dios era que el universo parecía tan cruel e injusto. Pero, ¿de dónde saqué esta idea de justo e injusto? Un hombre no llama a una línea torcida, a menos que tenga alguna idea de una línea recta. ¿Con qué estaba comparando este universo cuando lo llamé injusto?".

Lewis se dio cuenta de que "injusto" significa la ausencia de justicia y bondad, y que su perspectiva atea no tenía cómo explicar algo como la justicia o la bondad perfecta. Si el universo no había sido diseñado con un propósito, si la vida era solo un accidente, si todo lo que ocurría era solo el resultado de reacciones moleculares, entonces no existiría un "cómo debería ser", no habría una guía en la cual basar nuestras acciones, solo existiría "lo que es".

La injusticia no tendría sentido. Así como la muerte, la decadencia y la enfermedad son realidades del universo, la crueldad y la pobreza serían solo resultados de ciertas acciones.

Así que Lewis tenía dos opciones: podía aceptar el ciegamente el ateísmo y vivir de forma inconsistente con su propia perspectiva, o cambiar a una visión del mundo que explicara conceptos como la bondad y la justicia como bases objetivas; una visión del mundo con una autoridad moral, cuya naturaleza sirviera como punto de referencia (la "línea recta") para comparar todas las acciones, haciendo a la humanidad responsable de esos valores morales.

Después de muchos años de introspección e investigación, Lewis llegó a la conclusión de que, entre las religiones que podían explicar la bondad y la justicia, el cristianismo no solo tenía evidencias significativas, sino que también daba una mejor explicación de por qué el mundo es como es: por qué hay dolor, sufrimiento, maldad, y por qué nos distraemos tan fácilmente en entretenimiento superficial, en lugar de reflexionar sobre las preguntas profundas de la vida.

Sus escritos son directos y profundos, y él atribuye esa claridad a la visión cristiana del mundo: "Creo en el cristianismo como creo que el sol ha salido: no solo porque lo veo, sino porque, gracias a él, veo todo lo demás".

El más importante

¿No te parece sorprendente cómo un gran genio de la filosofía como Lewis pudo llegar a la rotunda conclusión de que, para que hubiese tanta perfección en el universo, debía haber algo totalmente espiritual detrás?

Lo que me sigo preguntando, y más en la época actual, es si personajes tan destacados como Tolkien y Lewis llegaron a esta determinación, después de una vida de investigación y experimentación, ¿por qué las nuevas generaciones han decidido echar nuestro lado espiritual por la borda, en pro de un mundo más "evolucionado"? ¿Ilógico, cierto?

¡Pues, bienvenido al último capítulo de esta aventura que emprendimos juntos! Como siempre, ¡dejamos lo mejor para el final! Este el más importante, el primer paso para conquistar todo de lo que hemos hablado anteriormente, desde cómo enfrentar y vencer la adversidad, adquirir sabiduría, crear una familia, encontrar nuestro propósito de vida y finalmente alcanzar la verdadera felicidad.

La razón por la cual decidí cerrar el libro con este capítulo, en lugar de colocarlo al principio, fue porque primero quise abrir tu entendimiento al desenmascarar las mentiras protagónicas del mundo actual. Solo descubriendo las mentiras, estaremos más abiertos a ver la verdad.

Este capítulo aborda el ingrediente más importante en la receta secreta de cómo cocinar tu destino. Imagina por un momento que te pasan la receta para el pastel más delicioso del mundo, compras los ingredientes, sigues todos los pasos, le pones empeño, pero se te olvida colocar la levadura. ¡Ese pastel jamás se va a esponjar! Así que terminarás desilusionado, tal y como esos *memes* de "expectativa contra realidad".

De igual manera, sin los ingredientes correctos, tu vida jamás terminará luciendo como la habías soñado. Así que tengo la obligación de revelarte el secreto mejor guardado por la gran mayoría de los personajes más prominentes y exitosos en el ámbito de los negocios, la literatura, la medicina, en fin, los eruditos, genios y personas más legendarias de la historia. Todos atribuyen su éxito al ingrediente que no se nos debe olvidar.

Sin más, aquí te va, ¡chan chan chan! Que redoblen los tambores como preámbulo a esta gran verdad: **¡La fe es la piedra angular sobre la cual construimos todo lo demás!**

¿Cómo lo ves? Contradictorio, ¿cierto? Esta idea va en contra de todo lo que los medios y la sociedad actual nos ha venido diciendo en las últimas décadas. Pero antes de que frunzas el ceño y dobles los brazos, primero te cuento una historia que quizás te ayude a entender por qué, aun cuando parezca descabellado pensar que dentro podamos tener algo más que corrientes eléctricas y cadenas de átomos. En el interior siempre ha habido una vocecita muy persistente que sigue intentando guiarnos a nuestro destino.

La brújula interna siempre presente

En la Biblia hay un evento donde Jesús, al final de sus días, estaba reunido con sus discípulos y comenzó a explicarles por qué tenía que morir. Todos se pusieron muy angustiados, preguntándose quién los guiaría cuando él ya no estuviera, quién les iba a recordar quiénes eran, para qué fueron creados y cómo alcanzar su destino.

Entonces, Jesús les dijo que no se preocuparan, ya que Él les dejaría a "alguien" mejor que Él mismo, que estaría **siempre presente**. En él encontrarían la sabiduría, las respuestas a todas sus preguntas. Los dirigiría en ese camino hasta convertirse en todo para lo cual fueron creados.

Jesús lo llamó el "consejero", un guía y ayudante en los momentos de necesidad. Lo describió como "aquel que era mejor que Él mismo", porque Jesús solo podía estar con sus discípulos en forma física, en un lugar a la vez, pero el **espíritu** estaría con ellos siempre y en todas partes. ¡Bingo! ¡Eso es!

Por mágico que suene el pasaje, nos da una pista de que la pequeña voz persistente dentro de nosotros, **nuestra alma**, es ¡la brújula interna!, diseñada para guiarnos hacia el destino, donde se encuentra escrito el propósito de nuestras vidas desde el día en que nacimos.

Muchas culturas concuerdan con esta teoría. Y como hemos mencionado antes, la creencia de que el alma es capaz de trascender el tiempo y el espacio, nos confirma que la pequeña voz interior tiene la capacidad de encapsular la sabiduría de muchas vidas. Por tanto, escucharla es una de las prácticas más antiguas con las que el ser humano ha aprendido a conectar consigo mismo.

Ahora bien, si crees que esta historia es simplemente ficción, vamos a darle un vistazo a la ciencia. ¿Sabías que en el corazón humano (y no me refiero al corazón de manera filosófica, sino en términos fisiológicos) se encuentra algo llamado nódulo sinoauricular?

De acuerdo con investigaciones científicas, es ahí donde una pequeña chispa de energía se crea espontáneamente en algún punto de la formación del embrión. Y es esa corriente eléctrica la que da vida, al hacer latir nuestro corazón por primera vez.

Lo más interesante es que los científicos más renombrados no han logrado definir de dónde se genera esa chispa, qué o quién la crea. Por ello, los médicos guardan un gran respeto por el pequeño espacio durante las cirugías, ya que muchos creen que confirma el concepto de que literalmente **de nuestro corazón emana la vida (Proverbios 4:23).**

La razón por la que menciono el dato curioso es porque, fisiológicamente, del corazón, de manera literal, surge la vida. ¡Y espiritualmente hablando también! Esto nos confirma el papel tan importante que juega el **espíritu/alma** en nuestra existencia, ya que todo se origina ahí.

Más de lo que podemos ver

Tristemente, nuestra cultura moderna basa la imagen de nosotros mismos principalmente en cosas externas, **da valor a lo que podemos ver y percibir con nuestros sentidos**, pero se ha olvidado de que somos mucho más de lo que podemos ver. Así que mi misión en este capítulo es que caigamos en cuenta de que ¡alimentar nuestro lado espiritual es el verdadero secreto de nuestra existencia!

Para ayudarte a reconectar con tu espíritu, sin la intención de querer venir a enseñarte cómo descubrir tu **fe** (porque esa parte te quedará de tarea), simplemente voy a recordarte cómo escuchar a tu alma. Para cerrar con broche de oro este libro, vamos a subir el telón a la obra de teatro en la cual vivimos hoy, a la cual llamaría "La guerra contra la fe".

Quiero que puedas darte cuenta de las mentiras que conforman el guion de esta macabra puesta en escena, que aprendas, de una vez por todas, a reconocer los siniestros actores que se han apoderado de la obra maestra de tu vida, tratando de convencerte que la fe ya pasó de moda y que creer en Dios es algo absurdo que no necesitas.

Si esto fuera cierto, la triste realidad es que no seríamos muy diferentes a un simple primate. Solo un poco más refinados. Si solo fuéramos un conjunto de células que conforman un cuerpo, o si la única diferencia entre nosotros y cualquier otra especie fuera solo el hecho de que nuestro cerebro está un poco más evolucionado, estaríamos minimizando el potencial infinito y la capacidad inmensa que tenemos los seres humanos. Simplemente, no le estaríamos dando el crédito suficiente a la magia del **cómo** fuimos creados.

Las nuevas ideologías han olvidado una parte crítica de nuestro ser. En sí, nos han despojado de la pieza más importante, a partir de la cual todo lo demás toma forma: nuestra naturaleza espiritual. ¡Es como querer encender un coche sin motor! Podemos tener la mejor carrocería, los interiores de piel italiana, llantas deportivas (o sea, el cuerpo), el mejor sistema operativo, navegador satelital, piloto automático (o sea, la mente), ¡pero no hay motor!

¡Eso jamás encendería! Entonces, ¿qué pieza nos falta? Nos hemos olvidado de que el motor de nuestras vidas es el **alma.**

Desde la antigüedad se ha hablado de que el ser humano es **"tripartito"**: cuerpo, mente y espíritu, y el espíritu es nuestra **alma**. Es lo que nos diferencia de todos los demás seres vivos, lo que nos permite sentir, conectarnos con los demás. Es la vocecita interna que nos produce esos momentos de "intuición" cuando necesitamos dirección. Funciona como el GPS de nuestras vidas, que da las coordenadas para alcanzar el destino y nos recalcula cuando estamos perdidos.

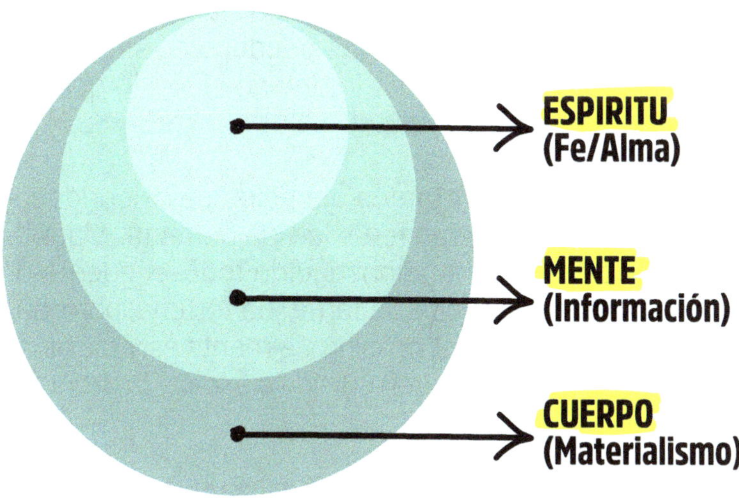

Pero, desgraciadamente, si pudiéramos crear una gráfica de cómo el ser humano establece sus prioridades hoy en día, quizás se vería igual que la imagen de arriba. Las hemos invertido, poniendo las cosas materiales como base, en lugar de enfocarnos en el interior.

La sociedad moderna ha priorizado el **cuerpo.** Y no me refiero solo a la fisiología, sino a lo externo, a todo a lo que percibimos con nuestros sentidos, los coches que manejamos, las casas donde vivimos, los lugares en que vacacionamos, la ropa que usamos...

En general, hoy basamos nuestra felicidad e identidad en lo material. Se ha creado el concepto erróneo de "eres como te ves", y debido a ello hemos puesto nuestro valor en la apariencia.

No digo que no sea plausible que cada día nos enfoquemos más en vernos mejor, ir al gimnasio, comer saludablemente y cuidar de nuestro cuerpo; pero hemos convertido la vida en un mundo de apariencias, en el cual vamos como hámster corriendo sin cesar, tratando de construir lo que los demás puedan ver, sin dedicar tiempo y esfuerzo a fundar lo que no se ve, lo que hay en nuestro interior.

Por eso podemos ver tantos ejemplos de celebridades que por fuera parecieran tener la vida perfecta. Materialmente hablando, lo han conseguido todo: el cuerpo de revista, la vida de película, la fama y la fortuna, pero, aun así, caen en adicciones, problemas mentales y terminan por entender que dedicaron su vida a escalar la montaña incorrecta.

La vida es un reflejo de nosotros mismos

Ponte a pensar por un minuto. De todas las preocupaciones de la vida cotidiana, ¿cuánto tiempo dedicas a pensar en las miles de cosas que quieres o tienes que hacer, pero que solamente se enfocan en tu mundo material, en tu cuerpo, en tu apariencia, en lo que puedes tener o comprar?

Por otro lado, ¿cuánto tiempo dedicas a construirte desde adentro? La realidad es que cuando estamos bien por dentro, todo esto empieza a reflejarse en nuestro mundo exterior. Recuerda que la vida es como un espejo, un reflejo de nosotros mismos.

Ahora bien, en las últimas décadas ha habido a su vez un "despertar" en cuanto a la búsqueda del desarrollo personal y el cultivo de la mente. Este ha sido un cambio bastante positivo en nuestra sociedad. Las nuevas generaciones están, hoy más que nunca, en busca del éxito personal y profesional. Gracias a ello han logrado entender la correlación que existe entre primero enfocarse en crecer personalmente, para entonces crecer en sus carreras, su fama y su influencia en la sociedad.

Sin embargo, aun cuando algunas corrientes filosóficas vanguardistas han empezado a familiarizarnos con conceptos como "somos energía", la "ley de la atracción", "somos lo que pensamos", etcétera, estas nuevas ideologías se quedan cortas al querer explicar el basto mundo espiritual y el gran impacto que tiene la fe en nuestras vidas.

Simplemente, se dedican a llenarnos de mantras y técnicas que nos "conectan" con nuestra mente "por encimita", sin llegar a ahondar en nuestro lado espiritual. Es por eso que, aun cuando nos aboquemos a seguir estas corrientes al pie de la letra, solo experimentamos un cambio temporal. Nos sentimos "felices" por "ratitos". Es como si por fin encontráramos el canal de televisión que estábamos buscando en la antena de conejo, pero después de un rato se nos sigue yendo la señal.

Todas estas nuevas corrientes ayudan a darle un respiro a nuestra mente, pero jamás llegan a contactarnos directamente con el espíritu. La fe es la única avenida que llega lo suficientemente profundo para reconectarnos con nosotros mismos.

Mientras más pasa el tiempo y el ser humano se enfoca en alimentar su mente y cuidar de su cuerpo, al final caemos en cuenta de que aún nos sigue faltando un ingrediente en la receta secreta para vivir una vida plena.

Las preguntas sin respuesta

Cuando era niña, siempre tuve preguntas existenciales que todos nos hemos hecho alguna vez: "¿Para qué nacimos?", ¿Quién nos creó? ¿Quién es Dios? ¿Quién creó a Dios? Era como el dicho de "¿qué fue primero, el huevo o la gallina?". Y por más que me hacía esas preguntas, y también a mis padres, y a sacerdotes, pastores y maestros, menos respuestas encontraba.

En mi mente no me hacía sentido que, si realmente existía un Dios que "lo sabía todo", hubiera dejado tantas preguntas sin respuestas. Pero, al pasar de los años y estudiar las vidas de científicos, eruditos y personas altamente exitosas, me di cuenta de la razón: Dios dejó esas preguntas en el corazón del hombre con un propósito. Era como dejar las pistas de un gran rompecabezas.

Dios sabía que solo así se despertaría en nosotros la curiosidad de embarcarnos en la aventura insaciable de encontrar la verdad. Y, en ese camino, es cuando finalmente lo encontraríamos a Él.

Y no fui la única que llegó a esa conclusión, después de años de darle vuelta a la madeja de preguntas existenciales y embarcarme en la búsqueda de la mejor versión de mí misma. Existen un sinnúmero de personajes altamente exitosos, en múltiples disciplinas, que aseguran de igual forma que la fe es el verdadero secreto del éxito. Así que, si no me crees, vamos a echarles un vistazo.

Empecemos con James Allen en su libro "As a man Thinketh", en el cual establece que el primer paso para el éxito es **vivir desde el alma.** O qué tal el famoso escritor **Napoleon Hill,** en su libro "Think and Grow Rich", quien dedica un capítulo a **"la fe"** y asegura que es el ingrediente más importante para el éxito.

También tenemos a **Neville Goddart,** en su obra "Feeling is the Secret", que habla del poder de la **fe y la oración**. Y qué decir de otros escritores legendarios como **John C. Maxwell, Zig Ziglar, Norman Vincent Peale, J.R.R. Tolkien, C.S. Lewis**, etcétera.

Pero, no solo en la literatura encontramos evidencia de la importancia de la fe. También en el mundo de los negocios, los deportes, la ciencia, como Denzel Washington, Mary Kay, George Foreman, Usain Bolt, entre otros que han hecho pública su convicción de fe.

Así que, si te hace falta evidencia de que la fe es una parte imprescindible para el ser humano, no hay que ir tan lejos. La vida de numerosas personas famosas, exitosas y que han tenido un impacto positivo en la Humanidad, pueden confirmarte el papel sumamente importante que juega nuestro lado espiritual en todas las áreas.

Y es que, aun cuando todos estos pilares son importantes, la realidad es que si invertimos su orden, perdemos el equilibrio, nos desviamos del camino y vivimos confundidos, frustrados y con un hueco en nuestras vidas. Y muchas veces intentamos llenarlo con cosas que quizás alimenten una de esas áreas, mientras que dejamos morir de sed a todas las demás.

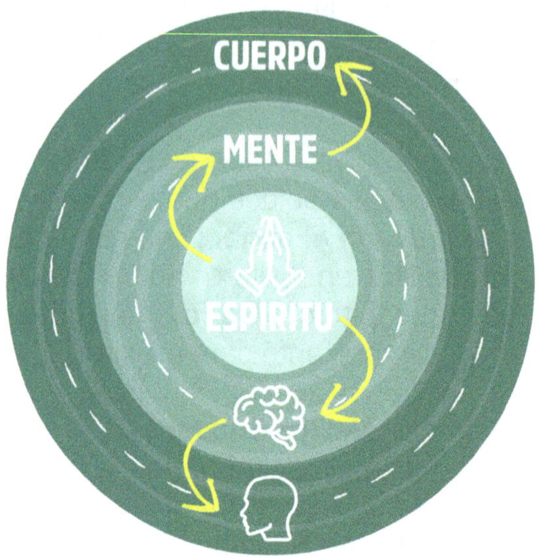

Tal como la imagen anterior, cuando nos damos a la tarea de construir y fortalecer nuestro lado espiritual y lo colocamos como base de nuestra existencia, podremos comenzar a construirnos a nosotros mismos desde adentro y hacer que todo lo demás crezca.

Funciona igual que cuando un arquitecto diseña un rascacielos. Primero debe decidir cuántos pisos pondrá a su edificio. Y, basado en esto, podrá empezar a construir los cimientos. Mientras más alto e imponente sea, más sólida y profunda deberá ser la cimentación. Así que, lo que determina en gran manera qué tan alto podemos llegar en la vida, es la solidez de la base espiritual que hayamos construido en nuestro interior.

En el mundo de hoy empezamos a construir las vidas no por la base, sino por los resultados que esperamos, sin darnos cuenta de que todo lo que deseamos —el éxito, la salud, la fama y la fortuna—, no son más que los frutos que se obtienen después de sembrar las semillas correctas en nuestro interior.

Pensamos que, si alimentamos el intelecto y nos enfocamos en trabajar arduamente para construir el mundo material, sacrificando todo lo demás, entonces podremos ser felices. Pero, "una fe sin obras es una fe muerta" (Santiago 2:17), como dice esta frase tan conocida de la Biblia. De igual manera, las obras sin fe son como pedalear una bicicleta estacionaria. O sea, esforzarnos sin primero poner atención al alma, no nos llevará a nuestro destino.

Descubrir tu conexión con Dios

Ahora bien, quizás aún no estés tan convencido. Muy probablemente has creído la idea de que cuidar tu lado espiritual radica simplemente en portarte bien, tomar dos litros de agua al día, usar popotes de papel y vivir una vida lo más "namasté" posible. Pues déjame decirte que es mucho más que eso. Construir tu fe involucra atreverte a descubrir tu conexión con Dios, aprender a escucharlo, y muchas veces decirle "no" a cosas de las que tu mente y la sociedad moderna quieren convencerte.

El problema con nuestra cultura hoy día, como hemos mencionado en capítulos anteriores, es que hemos tomado la postura de querer "arreglar" todo lo que nos produce incomodidad, lo que nos "restringe" o nos "quita la libertad". Nos hemos convertido en un mundo de extremos: si algo no nos gusta, nos vamos totalmente al lado opuesto, cual péndulo oscilante, sin darnos cuenta de que, mientras más fuerza ejerzamos para un lado, más nos empujaremos hacia el contrario y más lejos estaremos de alcanzar un balance.

Vamos por la vida queriendo cambiar todo lo que no nos cuadra, hasta que nos quede "a la medida". Y si no lo podemos modificar, pues lo descartamos. Hemos construido una cultura de lo "desechable". Todo lo que no nos "sirve", va a la basura, incluyendo matrimonios, carreras y hasta nuestros sueños. Así que no es de extrañar que, en el afán de querer "arreglar" nuestro concepto de **fe**, porque simplemente no nos cuadraba, perdimos el rumbo por completo.

Por alguna razón misteriosa, la sociedad actual se dio a la tardea de despojar a la humanidad de su conexión espiritual. Le dio una connotación negativa a la fe, "haciéndonos creer que era sinónimo de religión", y que profesar cualquier doctrina religiosa servía solamente para controlar a la humanidad.

Nos creímos la frase coloquial de que "la religión es el opio del pueblo". En nuestro afán de "ser libres", nació la siguiente mentira, que forma parte del guion que nos han ido vendiendo en esta obra teatral contra la fe.

Un buen día decidimos que la fe era solo un cúmulo de preceptos, tradiciones y reglas obsoletas pasadas de moda, que solo lograban causar división y restringir la libertad. Como siempre, nos fuimos al extremo y buscamos el hilo negro de todas las religiones, llegando a la conclusión de que todas se habían desvirtuado; pero se nos olvidó que el problema jamás fue la religión, ni mucho menos la fe. El problema hemos sido siempre nosotros mismos, los seres humanos, a los cuales nos ha gustado jugar a ser Dios.

Sin embargo, aun cuando decidimos quitar al espíritu de la ecuación, nos terminó por quedar un hueco dentro de nuestro ser. Entonces, la solución fue incursionar en el arte del "macramé": ir cortando y pegando lo que nos fue gustando de un montón de doctrinas, tomando solo lo que nos parecía cómodo. Terminamos creando **pseudo-religiones** y corrientes espirituales que quieren venir a tomar el papel de un placebo para calmar nuestro corazón.

Si no me crees, echémosles un vistazo a ciertas estadísticas. La cantidad de personas que se consideran de fe ha ido en decadencia en los últimos años. En 1972, cuando el GSS (General Social Survey) comenzó a preguntar a la población norteamericana sobre su "preferencia religiosa", el 90% se identificaba como cristiano y el 5% no tenía afiliación.

En las siguientes dos décadas, la proporción de personas sin afiliación religiosa aumentó lentamente, alcanzando el 9% en 1993. Pero, luego, el distanciamiento religioso comenzó a acelerarse: en 1996, la proporción de norteamericanos no afiliados saltó al 12%, y dos años después era del 14%. Este crecimiento ha continuado, y ahora el 29% de Norteamérica ha reportado que no tiene "ninguna religión".

Dijimos adiós a nuestro lado espiritual

Quizás puedas argumentar que no estar afiliado a alguna religión no significa que las personas no tengan una vida espiritual. Ahí te van otros datos.

El Centro de Investigaciones Pew Research Center ha estado midiendo la identidad religiosa desde 2007, utilizando una pregunta ligeramente diferente para asegurarse de capturar el contexto correcto. La pregunta que se hace hoy día es "si profesa algún tipo de fe, si es que tiene alguna". Desde 2007, el porcentaje de adultos que dicen ser ateos, agnósticos o "nada en particular", ha crecido del 16% al 29%.

Así que, como te puedes dar cuenta, la puesta en escena para desacreditar la fe ¡ha funcionado! Redujimos la parte espiritual a un simple eslogan en la sección de libros de autoayuda, o a un comercial de clases de yoga.

Creer en algo más allá de nosotros mismos, nos pareció salido de algún libro de cuentos y decidimos que era tan ridículo como creer en Santa Claus o en el ratón de los dientes. Y como nos creemos seres altamente intelectuales, le dijimos adiós a nuestro lado espiritual, aun cuando dentro seguimos sintiendo esa sed insaciable del alma.

Lo gracioso es que, aun cuando nos creemos altamente evolucionados, cuando buscamos evidencia de que la fe no es nada más que un mito, una y otra vez nos topamos con la verdad irrefutable de que es la piedra angular sobre la cual se construye nuestra existencia.

Me encanta como lo describe el gran escritor y conferencista internacional Bob Proctor, en su libro **12 Principios Poderosos para el Éxito:** "El núcleo mismo de tu ser es espiritual. La esencia de Dios es el núcleo mismo de ti. Eres un ser espiritual. Tienes un intelecto, y vives en un cuerpo físico, pero fuiste creado a imagen de Dios, y Dios es espíritu, por lo tanto, su espíritu se expresa a través de ti".

Por más afirmaciones y mantras que te inventes, por más herramientas de vida que aprendas y por más que "le echemos ganas", como dice el querido escritor César

Lozano, a veces no es suficiente. Muchas de las batallas de la vida no se pueden combatir desde el intelecto, sino desde el espíritu, en un despojarse de la armadura y la espada, abandonándonos simplemente en el saber que hay alguien que lo sabe todo, lo puede todo y para el cual ¡somos su todo y por nosotros lo daría todo!

Pero, por supuesto, la sociedad encontró el pretexto perfecto para cambiar los papeles y creerse Dios. Nos convencimos de que "la religión tuvo su oportunidad de hacer al mundo mejor, pero no hizo más que decepcionarnos y abusar de nuestra ingenuidad". Es así como se desprende la siguiente mentira a desenmascarar.

La humanidad, en algún punto de la historia, se autoconvenció de que Dios la había olvidado, así que la humanidad decidió olvidarse de Dios.

Pareciera que los altos y bajos en la historia de los seres humanos nos hubiesen herido profundamente los sentimientos, a tal grado de que terminamos por convertir a Dios en un verdugo que simplemente juega con las piezas de ajedrez para su entretenimiento.

Ser testigos de guerras, desastres naturales, pandemias, pobreza y un sin número de problemas sociales en las últimas décadas, nos dejó cansados, confundidos y sin esperanza.

Gracias a los medios, hoy en día tenemos acceso en primera fila, desde la comodidad de nuestros dispositivos móviles, a observar las consecuencias de las malas decisiones de la humanidad. Y en lugar de reconocer nuestro papel en todo esto y poner manos a la obra para ser agentes de cambio, optamos por ser como los fanáticos del fútbol, que critican al entrenador de su equipo favorito desde el sillón, pero nunca se han atrevido a entrar a jugar en la cancha.

Y como para el mundo moderno la palabra "responsabilidad" es la piedrita en el zapado que estorba, nos pareció una brillante idea culpar a Dios de todas nuestras desgracias, a ese Dios que, según nosotros, "no existe", pero nos sirve perfectamente de chivo expiatorio para no cumplir con nuestro deber como sociedad.

Fue así como extendimos una carta de despido a Dios, por no cumplir con nuestras demandas, por no arreglar los problemas del mundo con su varita mágica y nos autonombramos "creadores", "influencers" y CEOs del universo.

Aunque esto suene como que finalmente decidimos tomar las riendas de nuestras vidas, la realidad es que nos comportamos como los adolescentes que dejan la casa de sus padres, por no querer seguir las reglas, pero terminan regresando con la cola entre las patas cuando se tienen que enfrentar al mundo real.

Un suicidio espiritual

Los seres humanos, en algún punto, nos consideramos **"autosuficientes"** y decidimos que **creer y confiar en nosotros mismos** era suficiente para navegar el intrincado viaje de la vida. Hicimos de la espiritualidad una madeja, que nos va enredando en creer que con solo **pensar positivo y creer en nosotros mismos,** podríamos vencer los retos, entender los misterios del universo y arreglar los problemas de la humanidad.

Y, poco a poco, el mundo entero se olvidó de Dios, nos dio "amnesia selectiva" y reemplazamos a la **fe y a la escucha del alma** con el **ego y la escucha de la mente.**

Ahora, la pregunta es: ¿cómo fue posible cometer tal suicidio espiritual? ¿Cómo fuimos capaces de silenciar nuestra alma, aun cuando podemos escucharla todos los días en los momentos que nos quitan el aliento, en el suave susurro que nos alienta a perseguir nuestros sueños? ¿Cómo logramos convencernos de que ser "espirituales" no era más que prender inciensos en la casa y leer tarjetitas de afirmaciones positivas?

La respuesta es que ¡somos unos excelentes vendedores! ¡Así como lo oyes! Somos excelentes en vendernos a nosotros mismos cualquier idea. No necesita ser verdad, simplemente tenemos que repetirnos algo muchas veces hasta que deje de parecer mentira.

Y como buenos vendedores, la sociedad moderna se dio cuenta de que el mejor negocio se había convertido en sacarle jugo a todo lo que se pueda **mercadear**. En lugar de alimentar el espíritu, descubrimos que lo más rentable era **alimentar el ego**. Déjame decirte que este bandido es el peor enemigo del espíritu. De hecho, esta es la historia legendaria de cómo el ángel más hermoso del cielo, Lucifer, terminó convirtiéndose en el villano principal de la humanidad, por culpa de su ego.

En la batalla constante

entre "el Tú que eres" y el "Tú que naciste para ser" los dos personajes que se encontrarán peleando por tu atención, todo el tiempo, son el ego y el espíritu.

Todo dependerá de a quién decidas escuchar: al ego a través de tu mente o al espíritu a través de tu alma.

Desafortunadamente, las redes sociales, la globalización mediática y el abrumador mundo de las comunicaciones instantáneas, han logrado **monetizar tu mente** por medio de **alimentar tu ego.** Todo, con expectativas irrealistas, comparaciones fuera de contexto y aspiraciones sin sentido, hasta el punto en el cual el ego ¡se volvió tan gordo! que difícilmente deja espacio en tu corazón para el alma.

Y fue así como nos enfermamos de una anorexia espiritual aguda, ya que nos dimos a la tarea de alimentar el espíritu con cosas materiales y terminamos por silenciar el alma con el ruido ensordecedor de nuestra mente, que se la pasa ocupada digiriendo lo que el mundo pone a nuestro alcance.

¿Un riesgo que valga la pena?

Me encanta la historia de un hombre que creía fervientemente en Dios y se encuentra con un ateo apasionado. Este le dice retadoramente: "Pero, qué tal si después de años de dedicarle tu vida a ese Dios en el que crees, te das cuenta de que todo fue una mentira". A lo cual el hombre de fe le respondió: "Ese es un riesgo que estoy dispuesto a tomar, porque las consecuencias de creer en Dios me han hecho vivir una mejor vida. Pero, por el otro lado, qué tal si al final de la tuya llegas a las puertas de la vida eterna y te das cuenta de que fuiste tú quien vivió en una mentira. ¿Sería ese un riesgo que estarías dispuesto a tomar?".

Así de simple, la pregunta es también para ti. ¿Sería un riesgo que valga la pena? Crear una sociedad de personas que no crean en nada, más que en sí mismas, una humanidad sin fe, en un mundo necesitado de esperanza, es una idea que me aterra. Imagínate la vida con gente sin amor, ni temor a Dios; personas tomando decisiones basadas en su propio entendimiento, en sus emociones y en sus ambiciones. Todo mundo jalando para su propio norte, terminaríamos todos como barcos sin timón, dejando que el viento nos lleve a la deriva.

Ahí lo tienes, así de simple. Quizás el mundo entero decidió olvidarse de Dios, pero Dios jamás se podría olvidar de su creación. Por ello, sabiendo que el ser humano se ama tanto a sí mismo, y que el **ego** sería el mayor obstáculo para alcanzar su destino, nuestro creador decidió guardar dentro de nosotros una brujulita que funciona como un detector de metales, nos sigue jalando hacia la verdad y se mantiene apuntando hacia el verdadero norte.

Pero, ahora viene la pregunta del millón. ¿Cómo le hago para hacerle espacio a la **fe** en este mundo que siempre anda de prisa? ¿Cómo le puedo dar la oportunidad a Dios de tener al menos una primera cita? Porque el mundo actual no tiene problemas deslizando el dedo hacia la derecha, para conocer a un extraño en una aplicación de encontrar pareja; pero la simple idea de querer conocer más de Dios se ha convertido en algo "ridículo" e intentar hablar a alguien más de nuestra fe, es considerado una ofensa.

Simple. Deja de querer convencerte de que no necesitas creer en un Dios. Reconoce que nadie puede hacer la vida solo, que si la vida fuera de creer en uno mismo, siendo realistas, viviríamos decepcionándonos a nosotros mismos, una y otra vez, porque hay momentos en los que no nos aguantamos ni solos.

No robes ilusión

Hay etapas en la que somos nuestro peor enemigo, experiencias que nos dejan sin fuerzas, sin opciones. Es ahí donde, en medio de la debilidad, si dejamos el ego de lado, por fin permitiremos que nuestra fe salga en nuestra defensa (2 Corintios 12:9).

Siempre me he preguntado por qué el ser humano se empecina en quitarle la magia a la vida. Encuentro cada vez más padres que no quieren dejar que sus hijos crean en Santa Claus o en las hadas madrinas, porque, según ellos, no tiene caso que vivan en una fantasía. Sin embargo, en mi mente pienso: ¿para qué robarles la ilusión y despojarlos de esa gotita de esperanza que los mantiene emocionados todo el año por portarse bien para ser premiados? O, si se portan mal, poder experimentar la misericordia de ser perdonados, del "borrón y cuenta nueva" que les enseña el regordete vestido de rojo. Un personaje que, aun cuando no se merecían nada, les dejó un regalo bajo la chimenea.

Si esa magia los hace mejores hijos, los ayuda a portarse bien, a soñar, a esforzarse y a ser mejores personas, ¿para qué robarles el encanto? Así mismo, los seres humanos deberíamos entender que tener **fe** es mejor alternativa que vivir en desesperanza. Aun si fuese simplemente una fantasía (puedo asegurarte de que no es así, tan solo con echarle un vistazo a la historia), hacerle espacio a Dios en nuestras vidas es y será siempre la mejor alternativa.

Esto debería bastar para entender que la fe es la semillita que debemos cultivar para que, de ahí, todo lo demás, incluyendo mente y cuerpo, dé los resultados que estamos buscando y finalmente consigamos crear la vida que tanto anhelamos.

Finalmente, para cerrar este capítulo, quiero mencionarte ciertas lecciones que te ayudarán a encontrar la pieza del rompecabezas que sabes te hace falta. Incluso cuando has tratado de llenarla de miles otras cosas, te has dado cuenta de que nada, fuera de la fe, realmente encaja:

→ Si ya nos dimos cuenta de que, en algún punto de nuestras vidas, **creer en nosotros mismos no será suficiente**, que poner la confianza en nuestra propia fuerza, talento y habilidades no bastará para llegar a nuestro destino, ¿por qué no decidimos darle la oportunidad a aquel que puso todos esos sueños dentro de nosotros y diseñó el manual de uso de las habilidades que llevamos dentro, y quien es sin lugar a dudas el mejor para enseñarnos cómo utilizarlas?

→ Como dijo el gran genio Albert Einstein: "No se puede resolver un problema desde el mismo nivel de conciencia que lo creó". Esto significa, ni más ni menos, que los problemas que nos generamos nosotros mismos, no los podemos resolver desde el mismo nivel de sabiduría limitada que tenemos. ¿Por qué mejor no nos damos la oportunidad de acceder a la sabiduría infinita de aquel que lo creó todo, ese que nos habla a través de nuestro espíritu y que está siempre dispuesto a salir al encuentro de las ovejas perdidas de su rebaño?

→ En este punto de la humanidad, es evidente que despedir a Dios de su puesto no nos hizo ni más felices, ni más plenos, y mucho menos más libres. Entonces, por qué no le damos de nuevo la bienvenida y vamos intentando aprender a conocerlo.

Porque todas esas "reglas" a las que les dimos la vuelta por no dejarnos vivir la vida loca, terminaron por ser el mapa que necesitábamos con las coordenadas exactas para llegar a nuestro destino. Ya que la fe es la luz con la que finalmente podemos ver la verdad, y es la verdad la que realmente nos hará libres (Juan 8:31).

Cuando decidamos bajarle el volumen al mundo y dejar de alimentar al ego para hacerle espacio a Dios, será ahí cuando encontraremos esta paz que sobrepasa todo entendimiento (Filipenses 4:7). Cuando aprendamos a callar el bullicio de la mente, será cuando finalmente alcanzaremos a escuchar el alma.

Y si fuese solo un cuento, ¿qué perdemos con conservar la magia? ¿Y si al final de cuentas Dios no existe, pero creer en Él nos llenó de esperanza? ¿Y qué tal si al llegar a nuestro último suspiro nos damos cuenta de que no había nada más allá de nuestra existencia? Aun así, creer en Dios habría valido la pena, porque creamos un mundo más humano, porque nos ayudó a soñar, amar y a vivir intensamente.

Que no lo podamos ver, no quiere decir que no exista. Es como decir que no necesitamos oxígeno porque no lo percibimos a simple vista. Decidir no creer, únicamente porque nadie más cree o porque el mundo entero se olvidó de Él, es un riesgo que no estoy dispuesta a correr. ¿Y tú? Así que recuerda: **"La fe es la certeza de lo que se espera, la convicción de lo que no se ve" (Hebreos 11:1).**

Para cerrar este libro,

Te invito a creer otra vez,
a aprender a escuchar a
tu alma, a atreverte
a luchar por la verdad
y reescribir
tu historia de cuento.

Aunque algunos quieren acabar con la magia, estoy segura de que aquel que escribió tu historia, tiene para ti un final de "vivieron felices para siempre". Solo tienes que ser lo suficientemente sabio y valiente para encontrarlo. Y para ello no es necesario "encontrarte a ti mismo".

No se trata de aprender a vivir, sino de "recordar" el camino que tu alma ya había trazado para llevarte a tu destino.

EPÍLOGO:

La Verdad nos hizo Libres

Y así, querido lector, llegamos al final de estas páginas, pero no al final del viaje.

Este libro no fue escrito para darte respuestas absolutas, sino para despertar en ti la valentía de hacer las preguntas correctas. Preguntas que incomodan, que sacuden, pero que también iluminan. Porque la verdadera transformación no ocurre en la comodidad, sino en el momento en que decides dejar de seguir el ruido del mundo para escuchar, por fin, tu propia voz.

Hoy estás parado en un cruce de caminos. Uno te invita a seguir como hasta ahora: buscando afuera, corriendo sin rumbo, aceptando verdades a medias que no te llenan. El otro, aunque más estrecho y empinado, te lleva de regreso a ti. A lo que fuiste antes de las máscaras, antes del miedo, antes de las mentiras. Te lleva al hogar más importante de todos: tu propósito.

La verdad, esa que tanto evitamos porque duele, también es la que más libera. La que no cambia con las modas, ni se ajusta a los caprichos de una cultura en constante contradicción. La verdad no grita, pero resuena. No se impone, pero transforma. Y una vez que la tocas, aunque sea con la punta de los dedos, ya no puedes ignorarla. Ya no puedes volver atrás sin sentir que estás traicionando algo sagrado dentro de ti.

Este libro fue una antorcha encendida en medio del camino. Pero el fuego no te pertenece solo a ti. Llévalo contigo. Enciende otras almas. Habla con valentía, aún cuando tiembla tu voz. Educa con compasión, aún cuando el mundo parece no querer escuchar. Vive con coherencia, aun cuando te duela ser diferente.

Recuerda que el propósito no es un destino glamoroso, ni una etiqueta para presumir. Es ese susurro profundo que te dice, cada día: "esto es lo que viniste a hacer". Y hacerlo bien, hacerlo con integridad, es el mayor acto de amor y rebeldía en tiempos donde todo se vale y nada se honra.

Ahora es tu turno. De decidir si vas a volver a dormir, o si vas a despertar del todo. Si te vas a conformar con una vida en piloto automático, o si vas a tomar el timón con firmeza, aunque el mar esté agitado. Si vas a seguir esperando a que el mundo cambie, o si vas a convertirte en la chispa que inicie ese cambio.

Tu vida importa. Tus decisiones importan. Lo que construyas con lo aprendido aquí puede impactar no sólo tu futuro, sino el de quienes vienen detrás de ti. Porque alguien, en algún momento, necesitará ver tu ejemplo para recordar que también puede elegir la verdad.

Gracias por quedarte hasta el final. Gracias por permitirte cuestionar, incomodarte y, sobre todo, recordar. Porque la verdad no se inventa, se recuerda. Estaba en ti desde el principio.

Nos volveremos a encontrar. Quizás no en estas páginas, pero sí en cada acto de valentía, en cada verdad que se diga sin miedo, en cada alma que se atreva a vivir como fue diseñada.

Con profunda gratitud y esperanza,

Laura Báez

En el camino hacia tu

"Y vivieron felices para siempre",

encontrarás personajes en tu historia que han sido puestos en tu vida para ayudarte a alcanzar tu destino, y estos merecen ser honrados.

Primero, gracias a mi madre, por enseñarme a soñar en grande y por mostrarme cómo alimentar esa pequeña chispa dentro de mí cada día, hasta que se convirtió en el fuego que iluminó mi propósito. Gracias, Mami, por enseñarme que a este mundo venimos a servir y que esa chispa que llevamos dentro tiene el poder de traer luz al mundo entero.

A mi papá en el cielo: gracias por regalarme la lección más grande, no sólo con tu manera de vivir, sino también con tus últimos momentos. Me mostraste la importancia de vivir cada día como si fuera el último y de no irme de este mundo con los sueños más grandes aún guardados dentro de mí corazón.

A mi esposo: mi mayor apoyo, el pilar inquebrantable que sostiene mi vida, nuestra familia y nuestros sueños. Gracias por tener la fe más profunda que he visto jamás, no sólo en mí, sino en todo lo que Dios tiene preparado para nosotros. Tu ejemplo me sigue enseñando que con fe nada es imposible.

A mis hermanos: mi tribu, mis cómplices. Sin ustedes, nunca hubiera podido convertirme en la mujer que soy hoy. Caminar a su lado ha hecho que todo sea más fácil, desde emprender negocios hasta formar una familia. Ustedes son los hombros sobre los que me sostengo.

Un agradecimiento muy especial al Dr. César Lozano por ser mi mentor, mi maestro y el ejemplo vivo de lo que se puede lograr cuando el corazón anhela ayudar a la humanidad a ser un poco más sabia, un poco más feliz y mucho más valiente.

A mis editores y al equipo de Aurum Books 79: gracias por su paciencia, su dedicación y el amor que pusieron junto conmigo en este libro.

Y sobre todo, a mis hijos, Leo y Andre: ustedes son mi inspiración más profunda. Escribí este libro para ustedes. Para los hombres en los cuales pronto se convertirán. Espero que estas palabras sean una luz que los guíe, una brújula que los acompañe a recorrer la vida sin dejar de ser fieles a quienes fueron creados para ser. Convertirme en su mamá despertó algo en mi alma. Lo que empezó como una pequeña vocecita se transformó en un rugido feroz que me impulsó a convertirme en la mejor versión de mí misma, para que ustedes aprendieran a perseguir sus sueños viéndome luchar por los nuestros.

Este libro es un tributo a las incontables lecciones que ustedes, mis hijos me han regalado. En esta vida, ustedes han sido mis más grandes maestros. Mi esperanza es que, incluso cuando yo ya no esté, estas páginas los acompañen, no para que aprendan, sino para que recuerden el para que fueron creados. Que regresen a ellas cuando el mundo quiera convencerlos de abandonar el camino que, en lo más profundo, saben que es el suyo. Y que algún día mis nietos también encuentren en estas palabras el legado que ustedes me ayudaron a crear.

Y por último, pero nunca menos importante, al Todopoderoso: gracias por mostrarme, una y otra vez, que debo ser una de Tus hijas favoritas. Por cumplir todos mis sueños de formas que nunca imaginé, guiándome hacia las personas y los momentos indicados. Mi mayor deseo es que, cuando finalmente me llames a Tu presencia, me recibas en el cielo diciendo: "Bien hecho, hija buena y fiel, ¡Te convertiste en todo lo que te creé para ser! Fuiste lo bastante sabia para descubrir tu destino y lo bastante valiente para llevar a cabo la misión que te confié.

www.ingramcontent.com/pod-product-compliance
Lightning Source LLC
LaVergne TN
LVHW020507100826
845148LV00003B/723
* 9 7 9 8 9 8 7 1 6 9 4 9 0 *